# Essentials der Psychotherapie

Essentials der Psychotherapie
Martin Rufer, Christoph Flückiger (Hrsg.)

Wissenschaftlicher Beirat Programmbereich Psychologie:
Prof. Dr. Guy Bodenmann, Zürich; Prof. Dr. Lutz Jäncke, Zürich;
Prof. Dr. Franz Petermann, Bremen; Prof. Dr. Astrid Schütz, Bamberg;
Prof. Dr. Markus Wirtz, Freiburg i. Br.

Martin Rufer
Christoph Flückiger

# Essentials der Psychotherapie

Praxis und Forschung im Diskurs

unter Mitarbeit von

Maria Borcsa
Ulrike Dinger
Annette Kämmerer
Verena Kast

Hans Lieb
Günter Schiepek
Ulrike Willutzki
Dirk Zimmer

lic. phil. Martin Rufer, Psychotherapie FSP
Praxis am Hirschengraben
Effingerstr. 2
3011 Bern
Schweiz
martin.rufer@psychologie.ch

**Prof. Dr. Christoph Flückiger, PhD, Swiss BPP**
Universität Zürich
Psychologisches Institut
Binzmühlestr. 14/04
8050 Zürich
Schweiz
christoph.flückiger@psychologie.uzh.ch

Geschützte Warennamen (Warenzeichen) werden nicht besonders kenntlich gemacht. Aus dem Fehlen eines solchen Hinweises kann also nicht geschlossen werden, dass es sich um einen freien Warennamen handelt.

**Bibliografische Information der Deutschen Nationalbibliothek**
Die Deutsche Nationalbibliothek verzeichnet diese Publikation in der Deutschen Nationalbibliografie; detaillierte bibliografische Daten sind im Internet über http://www.dnb.de abrufbar.

Dieses Werk einschließlich aller seiner Teile ist urheberrechtlich geschützt. Jede Verwertung außerhalb der engen Grenzen des Urheberrechtes ist ohne Zustimmung des Verlages unzulässig und strafbar. Das gilt insbesondere für Kopien und Vervielfältigungen zu Lehr- und Unterrichtszwecken, Übersetzungen, Mikroverfilmungen sowie die Einspeicherung und Verarbeitung in elektronischen Systemen.

Anregungen und Zuschriften bitte an:
Hogrefe AG
Lektorat Psychologie
Länggass-Strasse 76
3012 Bern
Schweiz
Tel. +41 31 300 45 00
info@hogrefe.ch
www.hogrefe.ch

Lektorat: Dr. Susanne Lauri
Bearbeitung: Barbara Buchter, Freiburg
Herstellung: Daniel Berger
Umschlagabbildung: © by Caiaimage/Sam Edwards, GettyImages
Umschlag: Claude Borer, Riehen
Satz: Claudia Wild, Konstanz
Druck und buchbinderische Verarbeitung: AZ Druck und Datentechnik GmbH, Kempten
Printed in Germany

1. Auflage 2020
© 2020 Hogrefe Verlag, Bern
(E-Book-ISBN_PDF 978-3-456-95923-8)
(E-Book-ISBN_EPUB 978-3-456-75923-4)
ISBN 978-3-456-85923-1
http://doi.org/10.1024/85923-000

# Inhalt

Geleitwort von Eva-Lotta Brakemeier .................................. 9
Geleitwort von Luise Reddemann .................................. 13

**Einführung** ................................................... 15
*Martin Rufer, Christoph Flückiger*
Warum dieses Buch? ............................................ 15
Zwei Seelen in einer Brust ...................................... 16

**1  Bilanz therapeutischer Arbeit** ................................. 19
   *Martin Rufer*
1.1 Zur Wechselwirkung von Arbeitskontext, Therapiemotivation
    und beruflicher Identität ..................................... 20
1.2 Generische Prinzipien oder wenn weniger mehr ist .............. 22
1.3 Geheimnisse aus der Praxis für eine gelingende Therapie ....... 24

**2  Vertrauen und Selbstwirksamkeit aus Sicht
    der Psychotherapieforschung** ................................. 33
   *Ulrike Dinger*
2.1 Zwei Polaritäten ............................................. 33
2.2 „Freue dich auf deine Patienten und vertraue ihnen als Klienten"
    und „Stelle die richtigen Fragen und gib möglichst früh
    ein Erklärungsmodell für Probleme" ........................... 34
2.3 „Höre und schaue genau hin, orientiere dich an den Feedbacks,
    aber interveniere sparsam" ................................... 36
2.4 „Nutze Bindungen als supportives Ressourcenpriming" .......... 37
2.5 „Nutze Krisen und Instabilitäten als inputsensible Phasen"
    und „Achte auf dich selbst, vertraue deinen Skills
    und deinem Bauchgefühl" ..................................... 38
2.6 Vertrauen als Wegbereiter für Selbstwirksamkeit ............... 39

**3  Nachdenken über Psychotherapie** ............................. 43
   *Annette Kämmerer*
3.1 Psychotherapie und die Menschenwürde ........................ 44
3.2 Das therapeutische Menschenbild ............................. 47
3.3 Leidensdruck und Psychotherapie ............................. 48
3.4 Warum also Psychotherapie? .................................. 51

| | | |
|---|---|---|
| **4** | **Professionalisierung, Therapeutenbild und Herausforderungen – Nachdenken über Psychotherapeutinnen** | 55 |
| | *Christoph Flückiger* | |
| 4.1 | Professionalisierung | 55 |
| 4.2 | Therapeutenbild | 59 |
| | | |
| **5** | **Auf den Punkt gebracht: Individualität und Verallgemeinerung in der Fallkonzeption** | 69 |
| | *Hans Lieb* | |
| 5.1 | Vorbemerkung | 69 |
| 5.2 | Zu viel Individualität, zu viel Verallgemeinerung | 70 |
| 5.3 | Vom Nutzen der metaperspektivischen Unterscheidung zwischen Individualität und Verallgemeinerung | 71 |
| 5.4 | Zur Soziologie professioneller Fallkonzeptionen | 72 |
| 5.5 | Fallkonzeption und therapeutische Beziehung | 73 |
| 5.6 | Wege zu Individualisierungen und zu Verallgemeinerungen | 73 |
| 5.7 | Methoden zur Konkretisierung – Individualisierung | 74 |
| 5.8 | Methoden zur Verallgemeinerung/Komplexitätsreduktion | 76 |
| | | |
| **6** | **Kein Klient ist „der Fall" von irgendwas – Das Spannungsfeld von individueller Fallkonzeption, Prozesssteuerung und Verallgemeinerung** | 83 |
| | *Günter Schiepek* | |
| 6.1 | Einzelfallorientierung | 84 |
| 6.2 | Prozesssteuerung | 86 |
| 6.3 | Verallgemeinerung: Theorie mit Einzelfallbezug | 91 |
| | | |
| **7** | **Aufbau positiven Denkens im Spannungsfeld von Selbstabwertung, Selbstzweifeln und Selbstakzeptanz** | 97 |
| | *Dirk Zimmer* | |
| 7.1 | Psychotherapie ist unterstütztes Lernen | 97 |
| 7.2 | Der Unterschied zwischen Therapeut und Patient | 98 |
| 7.3 | Wir können nicht allen helfen | 99 |
| 7.4 | Wir können nicht nur aus eigener Erfahrung schöpfen | 99 |
| 7.5 | Die Kunst und Notwendigkeit, sich überraschen zu lassen | 99 |
| 7.6 | Das Gegenteil ist immer auch richtig: funktionales Denken | 100 |
| 7.7 | Manualisiertes und individualisiertes Vorgehen | 101 |
| 7.8 | Übung zum Aufbau eines positiven Selbstbildes | 102 |

| 8 | Respektvoll, behutsam und genau ... | 109 |
|---|---|---|
| | *Ulrike Willutzki* | |
| 8.1 | Zur Haltung – bescheiden und selbstreflexiv | 109 |
| 8.2 | Zur Genauigkeit und Präzision therapeutischen Arbeitens | 111 |
| 8.3 | Die Mündung: Zum Aufbau positiven Denkens | 112 |
| | | |
| 9 | Alles allgemein menschlich? Alles kulturbedingt? – Eine produktive Verwirrung! | 115 |
| | *Verena Kast* | |
| 9.1 | Im Grunde genommen verstehen wir uns schon ... | 115 |
| 9.2 | Supervision mit japanischen Kolleginnen und Kollegen | 116 |
| 9.3 | Der bedeutungsvolle Zwischenfall: Eigentlich verstehen wir uns nicht | 117 |
| 9.4 | Ärger | 117 |
| 9.5 | Das Bemühen um wechselseitiges Verstehen | 118 |
| 9.6 | In der kulturellen Überzeugung angegriffen | 119 |
| 9.7 | Zu kulturlastig | 120 |
| 9.8 | Traumbilder – kulturell verstanden | 121 |
| 9.9 | Der Fuchs: japanisch und schweizerisch | 121 |
| 9.10 | Resümee | 123 |
| | | |
| 10 | Das Infragestellen des Selbstverständlichen – wenn das Fremde in den Blick gerät | 125 |
| | *Maria Borcsa* | |
| 10.1 | Internalisierung von Kultur | 125 |
| 10.2 | Kultur ist nicht gleich Kultur | 126 |
| 10.3 | Diversität in Beziehungen | 127 |
| 10.4 | Natur und Kultur: revisited | 129 |
| 10.5 | Differenzen und Universalitäten: ein dialektisches Verhältnis | 129 |
| | | |
| 11 | Summary: Dialog Rufer – Flückiger | 131 |
| | | |
| **Die Autorinnen und Autoren** | | 141 |

# Geleitwort von Eva-Lotta Brakemeier

Mit Neugier habe ich das vorliegende Buch „Essentials der Psychotherapie – Praxis und Forschung im Diskurs", herausgegeben von den wertgeschätzten Kollegen Martin Rufer und Christoph Flückiger, aufgeschlagen und mit Freuden gelesen: neugierig aufgeschlagen, da ein derartiges Buch, in welchem schulenübergreifendes Experten-Praxiswissen direkt wissenschaftlich kommentiert wird, in der bisherigen psychotherapeutischen Buchlandschaft einzigartig ist; mit Freuden gelesen, da ich, die als Wissenschaftlerin und Psychotherapeutin stets die Verschränkung von Wissenschaft und Therapiepraxis anstrebt, in diesem Buch ein sehr gelungenes Beispiel für die Umsetzung eben dieses „Scientist-Practitioner"-Anspruchs vorfinde.

Fünf extrem erfahrene TherapeutInnen, die dieses Buch mitgestaltet haben, haben sich durch langjährige Berufspraxis als PsychotherapeutInnen, SupervisorInnen und AusbilderInnen einen unschätzbaren Fundus an Wissen und Erfahrung angeeignet, der sie zu ExpertInnen im Kontext von Therapie, Aus- und Weiterbildung macht. Derartige therapeutische Expertise wird jedoch meist nur mündlich während Aus- und Weiterbildungen bzw. Supervisionen weitergegeben. In diesem Buch erhalten diese therapeutisch-praktischen ExpertInnen jedoch eine nachhaltige Stimme, indem sie ihre hilfreichen Heuristiken der Psychotherapie schriftlich dokumentieren und somit ihr Handlungswissen, das in (Lehr-)Büchern selten erfasst wird, versprachlichen. Um zeitgleich dem wissenschaftlichen Anspruch, der jegliche Psychotherapie begleiten sollte, gerecht zu werden, wurden fünf ausgewiesene ExpertInnen der Psychotherapie-Forschung eingeladen, diese Heuristiken wissenschaftlich zu reflektieren, zu differenzieren und zu kommentieren. Als Resultat sind folgende höchst spannende, sehr lehrreiche und bedingt durch zahlreiche Praxisbeispiele auch kurzweilige „Paar-Beiträge" entstanden: zur Bedeutung des Vertrauens und der Selbstwirksamkeit (Martin Rufer – Ulrike Dinger), zum Nachdenken über das Menschen- bzw. Therapeutenbild (Annette Kämmerer – Christoph Flückiger), zum positiven Denken im Spannungsfeld von Selbstabwertung, Selbstzweifeln und Akzeptanz (Dirk Zimmer – Ulrike Willutzki) und zu allgemein menschlichen und kulturbedingten Prozessen in der Therapie und Supervision (Verena Kast – Maria Borcsa). In einem zusammenfassenden Resümee der beiden Herausgeber, welche ebenfalls als Vertreter der Experten-Praxisseite (Rufer) bzw. der Experten-Forschungsseite (Flückiger) ein wunderbares Team bilden, wird dieses kontextuelle Wissen im wechselseitigen Diskurs gekonnt zusammengefasst.

Als ich mich als junge Psychotherapeutin in Ausbildung bei meinen ersten stationären Psychotherapien ein wenig wie ins kühle Wasser geworfen fühlte, half mir –

abgesehen von den begleitenden Theorieseminaren am Wochenende, wenigen im Studium erworbenen praktischen Psychotherapie-Kompetenzen sowie einem „gesunden Therapeutenverstand" – v. a. das Buch „Der Panama-Hut: oder Was einen guten Therapeuten ausmacht" von Irving Yalom (2010). In diesem Buch konnte ich Ratschläge und Empfehlungen für besondere oder schwierige Therapiesituationen schnell nachschlagen, mit denen ich mich in den ersten Monaten als Novizin konfrontiert sah. Das vorliegende Buch kann für junge NovizInnen (PsychologInnen, Ärzte, BeraterInnen) eine ähnliche Funktion übernehmen, wobei die reichhaltigen und wertvollen Empfehlungen zur Praxis zum Nachdenken anregen und zudem eingebettet werden in den wissenschaftlichen Diskurs, was ich als besonders wertvoll empfinde. Für fortgeschrittene TherapeutInnen in Aus- und Weiterbildung oder bereits Experten-TherapeutInnen sowie KollegInnen, die sich primär als Psychotherapie-ForscherInnen verstehen, mag dieses Buch jedoch auch eine wahre Fundgrube bzw. Schatzkiste an wertvollem Praxis- und Wissenschaftswissen aus mindestens zwei Gründen sein:

- Dieses Praxis- und Wissenschaftswissen ist nicht nur nationen- und geschlechterübergreifend dargestellt, sondern auch schulenübergreifend bzw. integrativ einzuordnen, was leider immer noch eine Besonderheit darstellt bei deutschsprachigen psychotherapeutischen Werken. Somit vermag es integrativ denkende und handelnde TherapeutInnen, die sich in unterschiedlichen Therapieschulen oder -richtungen beheimatet fühlen, auch vielerlei Anregungen zu geben, nicht zuletzt hinsichtlich der jeweiligen Therapeutenidentität und therapeutischen Haltung.
- Das Buch mindert die leider oft bestehende Kluft zwischen Forschung und Praxis (vgl. Bohus, 2015; Eiling et al., 2014) und folgt damit dem derzeit zurecht ins Zentrum der Forschung gerückten Paradigma der „Praxisbezogenen Forschung" (Practice Research Network; z. B. Castonguay et al., 2010). Dieses Buch gibt zunächst und somit in erster Linie der Praxis eine Stimme und nicht – wie beispielsweise in dem ebenfalls höchst empfehlenswerten Buch „Die Psychotherapie-Debatte" (Wampold, Imel & Flückiger, 2017) – zunächst der Forschung. Somit erreicht es hoffentlich auch die TherapeutInnen, die sich eher in der Praxis beheimatet fühlen. Jede(r) PsychotherapeutIn sollte meiner Meinung nach auch wissenschaftlich denken, im Sinne von: ihr/sein Tun systematisch zu hinterfragen bzw. zu reflektieren, wissenschaftliche Erkenntnisse systematisch zu nutzen, bei der Interpretation von „wissenschaftlichen" oder „praxisbasierten" Befunden die zugrundeliegende Methodik zu berücksichtigen und am besten auch selbst in irgendeiner Form zur Erweiterung der wissenschaftlichen Fundierung von Psychotherapie beizutragen. Schon in unserem Lehrbuch „Praxis der Verhaltenstherapie" (Brakemeier & Jacobi, 2017) haben wir argumentiert, dass eine schlüssige Begründung dafür, in der Praxis nicht auch eine theoretische empiri-

sche Haltung einzunehmen, nicht ausmachbar ist. Gleichwohl ist der Versorgungsdruck im Praxisalltag (zum Teil bereits in der Ausbildung) als Argument für eine niedrige Priorisierung der Beschäftigung mit wissenschaftlichen Fragen nicht einfach von der Hand zu weisen, weshalb Bücher wie diese mehr als willkommen sind!

Schließlich halte ich dieses Buch aus folgendem Grund für zukunftweisend: Viele der Beiträge weisen in der Zusammenschau auch auf die Bedeutung einer personalisierten bzw. individualisierten bzw. präzisen Psychotherapie hin, was die zum Beispiel von Alan E. Kazdin aufgeworfene wichtige, jedoch zeitgleich auch schwierig zu beantwortete Psychotherapie-Forschungsfrage adressiert: What works for whom (z. B. Kazdin, 2007; aber auch Roth & Fonagy, 2005)? In einer aktuellen Übersichtsarbeit zur innovativen Psychotherapieforschung visionieren wir entsprechend, dass die Psychotherapie auf dem Weg zu einer evidenzbasierten, individualisierten und modularisierten Psychotherapie sei (Brakemeier & Herpertz, in press). Hiermit ist nicht gemeint, dass jeder Therapeut einfach das macht, was er gut kann – wie Rufer und Flückiger es in ihrem Schlussdiskurs am Ende dieses Buches zu Recht explizit diskutieren. Vielmehr gilt es in diesem Zusammenhang, Psychotherapie jeweils evidenzbasiert auf die individuellen Probleme und Bedürfnisse eines jeden Patienten zu „tailoren", also maßzuschneidern oder abzustimmen, was in den Beiträgen immer wieder – sei es direkt oder indirekt – beschrieben oder gefordert wird (insb. in den „Paar-Beiträgen" von Hans Lieb und Günther Schiepek). Zurecht weisen Rufer und Flückiger in diesem Zusammenhang auf eine allseits verbindliche Qualitätskontrolle hin, welche im deutschsprachigen Raum noch zu wenig etabliert ist. Hier sei an Feedbackprozesse zu denken, wie sie beispielsweise in der Arbeitsgruppe um Wolfgang Lutz vorbildlich eingeführt und evaluiert werden (vgl. „Trier Treatment Navigator"; Lutz et al., 2019). Ich begrüße den gesundheitspolitischen Appell der AutorInnen und Herausgeber am Ende ihres Werkes sehr, der uns PraktikerInnen und ForscherInnen auffordert, der (Gesundheits-)Politik pro-aktiv gesellschaftspolitisch relevante Vorschläge zu machen, beispielsweise wie und mit welchen geeigneten wissenschaftlich basierten Mitteln im Praxisalltag die Qualität unserer Arbeit erfasst und gesichert werden kann (wobei auch die negativen Effekte der Psychotherapie erfasst und vermindert werden sollten; Linden et al., 2018), aber auch wie Psychotherapie am besten in die medizinischen Kontexte eingebettet werden kann oder das Image der Psychotherapie verbessert und damit Barrieren zum Zugang durchbrochen werden können.

Summa summarum wünsche ich den beiden Herausgebern und den acht Autorinnen und Autoren, dass dieses vorliegende Buch auf dem Nachttischchen, im Reisegepäck, jedoch auch als vertiefende Seminarliteratur in der Aus- und Weiterbildung seinen wichtigen und festen Platz findet und somit von vielen anderen

PraktikerInnen und WissenschaftlerInnen mit vorfreudiger Neugier und neugieriger Freude gelesen wird.

Eva-Lotta Brakemeier, Prof. Dr., Philipps-Universität Marburg,
Fachbereich Psychologie

## Literatur

Brakemeier, E. L. & Herpertz, S. (in press). Innovative Psychotherapieforschung: Auf dem Weg zu einer evidenzbasierten individualisierten und modularisierten Psychotherapie. *Nervenarzt*.

Brakemeier, E. L. & Jacobi, F. (2017). *Verhaltenstherapie in der Praxis*. Weinheim: Beltz.

Bohus, M. (2015). Elfenbeintürme im Treibsand oder: Was macht es so schwierig, Erkenntnisse aus der Forschung in der therapeutischen Praxis umzusetzen? *Verhaltenstherapie, 25*, 145-155.

Castonguay, L. G., Nelson, D. L., Boutselis, M. A., Chiswick, N. R., Damer, D. D., Hemmelstein, N. A. et al. (2010). Psychotherapists, researchers, or both? A qualitative analysis of psychotherapists' experiences in a practice research network. Psychotherapy (Chic), *47* (3), 345-354.

Eiling, A., Schlipfenbacher, C., Hörz-Sagstätter, S. & Jacobi, F. (2014). Über die Zukunft der Evidenzbasierten Psychotherapie und die Beziehung zwischen Praxis und Forschung. *Psychotherapeutenjournal, 2*, 175-183.

Kazdin, A. E. (2007). Mediators and mechanisms of change in psychotherapy research. *Annu Rev Clin Psychol, 3*, 1-27.

Linden, M., Strauß, B., Brakemeier, E. L., Nestoriuc, Y., Scholten, S. & Wasilewski, J. (2018). Definition und Entscheidungsschritte in der Bestimmung und Erfassung von Nebenwirkungen von Psychotherapie. *Psychotherapie Psychosomatik Medizinische Psychologie, 68 (9-10)*, 377-382.

Lutz, W., Rubel, J. A., Schwartz, B., Schilling, V. & Deisenhofer, A. K. (2019). Towards integrating personalized feedback research into clinical practice: Development of the Trier Treatment Navigator (TTN). Behav Res Ther, *120 (8)*, 103438.

Roth, A. & Fonagy, P. (2005). *What works for whom? A critical review of psychotherapy research* (2. Aufl.). New York: Guilford Press.

Wampold, B. E., Imel, Z. E. & Flückiger, Ch. (2017). *Die Psychotherapie-Debatte. Was Psychotherapie wirksam macht*. Bern: Hogrefe.

Yalom, I. D. (2010). *Der Panama-Hut: oder Was einen guten Therapeuten ausmacht*. München: Wilhelm Goldmann Verlag.

# Geleitwort von Luise Reddemann

In einer kürzlich erschienenen Arbeit beklagt Bernhard Strauß den Mangel an Austausch zwischen Forschern und Praktikern in der Psychotherapie und dass hier eine „erhebliche Kluft" bestehe, die unter anderem auch gekennzeichnet sei durch Misstrauen, Unverständnis und Infragestellung jeglicher Relevanz (Strauß, 2019).

Mir liegt das Thema Mitgefühl am Herzen, das erst in jüngster Zeit in der Psychotherapie einen gewissen Platz hat, in der Forschung allerdings kaum. Dabei fällt mir – ich bin Psychoanalytikerin – ein, dass für Freud Ethik in der Psychotherapie keinen Platz hatte, und bei vielen, die ihm folgten. Es war Erich Fromm, der Freud wohl als einer der ersten schon in den 40er-Jahren des vorigen Jahrhunderts widersprochen hat. Für ihn galt in seinem Buch „Man for himself" schon 1947, dass Ethik zu einem Gegenstand psychologischer Betrachtung gemacht werden sollte (Fromm, 2017).

Das Manuskript für dieses Buch zu lesen, war für mich eine Freude. Es hat mich inspiriert und mich in einer Haltung bestätigt, wonach Mitgefühl Psychotherapeutinnen und Psychotherapeuten mehr als bisher üblich beschäftigen sollte. Der Begriff kommt im Buch immer wieder vor. Und im Buch finde ich eine Haltung wieder, wonach Forschung und Psychotherapie doch eher zwei Seiten einer Medaille sind – oder sein sollten.

Seit einiger Zeit wird nun unter dem Begriff „common factors" Forschung betrieben, die auch Fragen nach Ethik in der Psychotherapie unterstützt. Ethik, Mitgefühl, Orientierung an der Würde der Patienten und vieles mehr, möchte ich teilweise ergänzend als „essentials" von Psychotherapie beschreiben. Vieles davon ist im Buch zu finden!

Obwohl ich aus einer anderen Schule komme als die Mehrzahl der Autoren und Autorinnen des Buches, finde ich hier sehr viel Gemeinsames. So zeigt das Buch für mich überzeugend, dass es schulenübergreifende Themen gibt, die letztlich jede Psychotherapeutin und jeden Psychotherapeuten angehen (sollten) (Reddemann, 2016; Reddemann, 2019).

Besonderen Eindruck haben mir einige Kapitel gemacht, die ich hier gesondert nenne, möchte aber hervorheben, dass ich dem gesamten Buch eine breite Leserschaft wünsche:

Rufer betont, dass er von seinen Klientinnen am meisten gelernt hat. Wir alle, die wir Psychotherapie machen, sollten diesen Satz unterschreiben können. Daraus ergibt sich, dass wir bescheiden sein sollten und dabei können Theorien wie Selbstorganisation – unsere eigene und die der Patientinnen und Patienten – dienlich sein.

Ergänzt, aus meiner Sicht, durch Forschung zu Mitgefühl und Freundlichkeit mit uns selbst.

Rufer hebt hervor, dass Intervenieren nicht beliebig ist und zitiert dazu Yalom, der für ein authentisches und *mitfühlendes* Umfeld in der Psychotherapie plädiert. Die bisher beschriebenen common factors sollten, wie im Buch teilweise geschehen, nicht nur erwähnt, sondern deren spezifische Wirkung in Praxis bezogener Forschung noch stärker einbezogen werden. Auch die Unterscheidung von Empathie und Mitgefühl könnte hier wichtig sein.

Dies alles kann man in moderner Sprache als Orientierung an „common factors" beschreiben, welche ja Methodenorientierung nicht grundsätzlich ausschließen müssen. Im Buch gibt es dazu viel anregend Praktisches, ohne dass Theoretisches ausgespart würde. So plädiert Dinger für den Aufbau einer „zunehmend befriedigenden Beziehung" die erlebt und gestaltet werden sollte, und Annette Kaemmerer macht klar, wie wichtig das Erkennen der eigenen Menschenbilder der Therapeutin ist sowie ihre Orientierung an der Würde. Zimmer plädiert für die grundsätzliche Gleichwertigkeit beider Interaktionspartner und Willutzki empfiehlt, Patientinnen und Patienten um feedback zu bitten. Flückiger betont, das Psychotherapie weit mehr ist, als die „Verabreichung" lege artis durchgeführter Interventionen. Sie sei und bleibe sowohl humane Intervention als auch Humanintervention und zwar für beide Beteiligten im gemeinsamen Feld.

Verena Kast beschreibt eindrucksvoll, dass in therapeutischen Prozessen weder alles allgemeinmenschlich, noch alles kulturbedingt ist. Das kann man auch auf die Verschiedenheit psychotherapeutischer Ansätze übertragen. In der Beschäftigung mit den unterschiedlichen Ansätzen geht es um den Respekt vor Diversität und doch auch um allgemein menschliche Faktoren, die in der Forschung eben als „common factors" beschrieben werden.

Dieses Buch kann ich allen, die sich für moderne Psychotherapieforschung sowie deren Umsetzung in die Praxis interessieren, sehr empfehlen. Es zeigt viel Verbindendes auf, das eben unter der Bezeichnung „common factors" reflektiert wird und macht Mut, sich auch auf unvertrautes Gelände immer wieder aufs Neue einzulassen.

Luise Reddemann, Dr. med., Honorarprof. Universität Klagenfurt für Psychotraumatologie und Medizinische Psychologie

## Literatur

Fromm, E. (2017). *Den Menschen verstehen: Psychoanalyse und Ethik*. München: dtv.
Reddemann, L. (2016). *Mitgefühl, Trauma, Achtsamkeit*. Göttingen: Vandenhoeck und Ruprecht.
Reddemann, L. (2019). Über Mitgefühl – ein common factor in der Psychotherapie traumatisierter Menschen? *Systeme, 1* (19), 6–23.
Strauß, B. (2019). Innovative Psychotherapieforschung – wo stehen wir und wo wollen wir hin? *Psychotherapeutenjournal, 1*, 4–10.

# Einführung

*Martin Rufer, Christoph Flückiger*

## Warum dieses Buch?

Täglich begegnen wir als Praktiker[1] Patienten und Klienten und versuchen, unser Wissen und Können für deren Wohl so hilfreich wie möglich einzubringen. Wir greifen dabei auf ein breites Fachwissen und umfassende Erfahrung zurück. Diese beinhalten einerseits verfahrens- und störungsorientierte Perspektiven sowie oft auch einen in Manualen gut zusammengefassten Interventionsrahmen. Andererseits vertrauen wir auf unseren eigenen „Handwerkskoffer" und eigene Handlungsheuristiken (Rufer, 2013).

Während die Praktiker sich aber oft nur noch für das interessieren, was unmittelbaren, methodischen Nutzen bringt, beschränken sich die Forscher eher auf Grundsätzliches und interessieren sich wenig für konkrete Fragen der Therapiepraxis: „Was genau machst du in deinem Praxisalltag? Welches sind deine ‚Essentials'? Welche Fragen stellst du dir? Was könnte ich von dir für meine wissenschaftliche bzw. praktische Tätigkeit lernen?"

Auf dieser Basis sind wir, die beiden Herausgeber des Buches, uns eher zufällig begegnet, angestoßen durch unsern Diskurs darüber, was Psychotherapie wirksam macht. Hier wollten wir beide – Martin Rufer als „Vollblutpraktiker", dessen Herz aber durchaus auch für die Wissenschaft schlägt, und Christoph Flückiger als ausgewiesener Forscher mit Praxisherz – mit einem offenen Diskurs ansetzen.

Das Gesamtkonzept ist aus unserer Sicht so einfach wie überzeugend: „Alte Häsinnen und Hasen" aus verschiedenen Ländern und unterschiedlichen Therapierichtungen haben je ein Essay verfasst, in dem sie auf Aspekte ihrer klinischen Erfahrung hinweisen, die für sie zwar essentiell sind, möglicherweise im Wissenschaftsdiskurs aktuell zu wenig beachtet werden und so wohl in keinem Lehrbuch zu finden sind. Integrativ orientierte Psychotherapieforscherinnen und -forscher kommentieren paarweise je eines dieser Essentials bzw. nehmen den aufgeworfenen Diskurs auf und entwickeln ihn weiter (Rufer-Dinger/Kämmerer-Flückiger/Lieb-Schiepek/Zimmer-Willutski/Kast-Borcsa). Als Herausgeber und Mitautoren würdigen und diskutieren wir in einem Schlusskapitel die Beiträge in Form eines Dialogs.

---

[1] Anmerkung: Im Text achten wir auf eine geschlechtsneutrale Sprache, indem wir entweder eine neutrale Ausdrucksweise oder nach Zufall die männliche und weibliche Form verwenden.

## Zwei Seelen in einer Brust

Psychotherapie ist über unterschiedliche Therapieansätze hinweg und mit Gewichtung auf extratherapeutischen und allgemeinen Prozessen sowie in verschiedenen Kombinationen von Therapieverfahren und Pragmatik erstaunlich robust wirksam (z. B. Wampold, Imel & Flückiger, 2018). Es hat sich dabei gezeigt, dass sich eine gute Therapie und ein guter Therapeut weder durch penibel reglementierte Verfahren noch allein durch Erfahrung definieren lassen (Goldberg et al., 2016). Der Begriff der „Process-based Therapy" ist inzwischen beispielsweise auch in der Verhaltenstherapie angekommen (z. B. Hayes & Hofmann, 2017).

Sowohl Praktiker als auch Forscher funktionieren für sich genommen also recht gut, agieren aber doch in unterschiedlichen Welten und bleiben einander durch unterschiedliche Sinn- und Kommunikationssysteme in der Regel fremd. So segeln schließlich zwei – oder mehrere – Schiffe unter gleicher Flagge (Psychotherapie) in zwei Paralleluniversen, und manchmal auch etwas heimatlos. Die Mannschaften bleiben unter sich, sprechen ihre eigene Sprache und zelebrieren ihre eigenen Rituale, ohne sich gegenseitig Rechenschaft über ihr Tun und ihre Ziele geben zu müssen. Innerhalb der eigenen Welt sind beide Gruppen jeweils die Experten, doch das Bemühen, sich mit der jeweils anderen Sichtweise oder den Gegenpositionen auseinanderzusetzen, hält sich in Grenzen. Eine „Resonanzbeziehung" (Rosa, 2016) und ein Diskurs, der verbinden und Gemeinsames schaffen könnte, fehlt. Und dies, obwohl „die Ergebnisse (aus der Psychotherapieforschung) die Praktiker interessieren (müssten), weil sie damit die Wirkung von Psychotherapie generell gut belegen könnten" (Caspar, 2013; s. auch Wampold et al., 2018).

Ein Anschauungsbeispiel dafür bietet die systematische Diagnostik der Psychopathologie. In den drei deutschsprachigen Ländern Deutschland, Österreich und der Schweiz ist die Diagnostik nach der Internationalen Statistischen Klassifikation der Krankheiten und verwandter Gesundheitsprobleme (ICD) gesetzlich verankert[2]. Seit der Studie von Rosenhan 1973 besteht außerdem ein intensiver akademischer Diskurs darüber, wie psychische Störungen reliabel erhoben werden können. Im Jahr 2018 finden wir zum Suchbegriff „DSM or ICD and Psychotherapy" über 5.000 publizierte Studien. In randomisierten, kontrollierten Wirksamkeitsvergleichsstudien sind systematische Interviews störungsspezifischer Standard. Fragen wir jedoch in unserem Umfeld nach, so werden die systematischen Interviews kaum in der Praxis eingesetzt (vgl. auch die Beiträge der Praktikerinnen in diesem Buch). Die Interviews, so resümieren die Praktiker, seien sehr aufwändig und würden oftmals auch nicht durch die Versicherer bezahlt. Auch in Gerichtsverfahren (z. B. Berentungsverfahren) sind systematische Interviews gesetzlich nicht verankert. Es wäre

---

2 https://icd.who.int/dev11/f/en

also an der Zeit, einmal zu hinterfragen, wieso das so ist und wie der Transfer aus der Forschung in die Praxis möglich wäre.

Sich hier aber gegenseitig den Schwarzen Peter zuzuschieben, wäre nicht besonders zielführend. Voraussetzungen für ein kooperatives Practitioner-Scientist-Modell müssen vielmehr echtes Interesse für das „andere Universum" und die Begegnung auf Augenhöhe sein.

Dass für dieses doch etwas andere Format sowohl der Hogrefe Verlag als auch alle angefragten Kolleginnen und Kollegen spontan und mit Interesse zugesagt haben (und in die von uns vorgeschlagene „Paarbildung" eingewilligt haben), hat uns als Herausgeber und Autoren ermutigt, dieses Projekt in einem offenen, selbstorganisierten Prozess nun auch auszuführen. Bewusst haben wir darum als Herausgeber in enger Absprache mit dem Verlag allen Autorinnen und Autoren vollkommen freie Hand gegeben, mögliche tabuisierte Themen aufs Tapet zu bringen. So ist nun eine Sammlung aus „Essentials der Psychotherapie" entstanden, die wir dem Leser gerne weiterreichen. Alle Texte wurden in einem intensiven Feedbackprozess im Verlauf eines Jahres verfasst und revidiert. Wir haben uns gegenseitig dabei unterstützt, möglichst allgemeinverständlich zu formulieren, ohne den eigenen Duktus allzu stark zu verlassen. Daraus entstanden Kondensate, die zur Reflexion anregen sollen und können.

Nun wird es an Ihnen, den Leserinnen und Lesern, sein zu entscheiden, ob und inwieweit es uns gelungen ist, den Diskurs nicht nur zu etikettieren, sondern einen solchen auch anzustoßen und daraus etwas mitzunehmen, was sich in das eigene Tätigkeitsfeld bzw. die eigene Praxis oder auch in „andere Universen" einbringen und kritisch diskutieren lässt.

## Literatur

Caspar, F. (2013). Was nützen Ergebnisse der Psychotherapieforschung für die Praxis? *Psychotherapie Psychosomatik und Medizinische Psychologie, 63*, 303–304.

Goldberg, S. B., Rousmaniere, T., Miller, S. D., Whipple, J., Nielsen, S. L., Hoyt, W. T. & Wampold, B. E. (2016). Do psychotherapists improve with time and experience? A longitudinal analysis of outcomes in a clinical setting. *Journal of Counseling Psychology, 63* (1), 1–11.

Hayes, S. C. & Hofmann, S. G. (Eds.). (2018). *Process-based CBT: The science and core clinical competencies of cognitive behavioral therapy*. Oakland, CA: New Harbinge.

Rosa, H. (2016). *Resonanz – Eine Soziologie der Weltbeziehung*. Berlin: Suhrkamp.

Rufer, M. (2013). *Erfasse komplex, handle einfach. Systemische Psychotherapie als Praxis der Selbstorganisation – ein Lernbuch*. Göttingen: Vandenhoeck & Ruprecht.

Wampold, B. E., Imel, Z. E. & Flückiger, C. (2018). *Die Psychotherapiedebatte. Was Psychotherapie wirksam macht*. Bern: Hogrefe.

# 1 Bilanz therapeutischer Arbeit

*Martin Rufer*

*„Was am Ende bleibt, ist die Erfahrung, dass es sich lohnt zu vertrauen."*[3]

„Du sollst gerne zweifeln." So lautete in der ZEIT die Titelgeschichte zu Pfingsten 2018 (Finger, 2018). In Zeiten, in denen die Psychiatrie kriselt, Patienten wochenlang einen Therapieplatz suchen, derweil die Psychologen auf ihre Zulassung (Schweiz) warten; in denen psychische Belastungen en detail klassifiziert, die Psychotherapie reguliert, aber immer mehr dekontextualisiert wird; in denen das Denken in Therapieschulen gegen alle Prinzipien wissenschaftlichen Fortschritts weiterlebt und Methoden und Techniken wellenartig kommen und gehen, scheinen *Zweifel* am „Heiligen Geist", der es richten wird, auch in unserem Metier angebracht. Also, was nun: vertrauen oder zweifeln? Die Antwort darauf könnte heißen: Den Gedanken, dass es mehr gibt als das, was wir unzweifelhaft wissen, zuzulassen, genauso aber auch Ambivalenzen und Widersprüche auszuhalten und Paradoxien nicht auszublenden. So ließe sich der Zweifel, der als Antrieb für Wandel in der Wissenschaft zum Programm gehört, auch in der Psychotherapie als der „Verwaltung von vagen Dingen" (Fuchs, 2011) in gegenseitigem Vertrauen kreativ nutzen.

Dies aber soll mich nach vierzig Jahren in diesem Beruf nun nicht davon entbinden, mich im Folgenden um plausible, belastbare Antworten zu bemühen und Essentials, die nicht nur dem Zeitgeist unterliegen, auch zu konkretisieren. Dabei geht es um nicht weniger als Kernfragen der Psychotherapie: Was führt Hilfesuchende zu uns? Ist krank, wer leidet? Was braucht es, dass Therapie hilfreich ist? Woran orientieren sich Therapeuten? Und nicht zuletzt: Wie lehrt und lernt man das?

Um es gleich vorweg zu nehmen: Am meisten gelernt habe ich wohl von meinen Klienten und Patienten. Sie sind es, die mir nicht nur den Lebensunterhalt, sondern bis auf den heutigen Tag Freude und Engagement ermöglichen und erhalten. Sie sind es, die mir Antworten geben auf die Frage, „was Therapie wirksam macht" (Wampold, Imel & Flückiger, 2018). Sie sind es, die mich ermutigt haben, die „ICD-Diagnosebrille" vorerst einmal abzulegen, um ihnen im *Nicht-Wissen*, dafür aber im *Vertrauen* zu begegnen, denn „Vertrauen heißt trotz Nichtwissen gegenüber dem Anderen eine positive Beziehung zu ihm aufzubauen" (Chul Han, 2012). Und es ist wohl auch

---

[3] Schlusssatz aus dem Film „Weit" (2017), in welchem die mehrjährige Reise eines jungen Paares zu Fuß, per Anhalter und Schiff rund um die Welt dokumentiert wird.

darum einer der schönsten Berufe, weil man in einer Fülle von Lebenserfahrungen „face to face" dem begegnet, was uns solidarisch verbindet: *Menschlichkeit*.

Während wir Therapeuten meist nur das im Auge haben, was sich in der Sitzung (nicht) ereignet, findet vieles, wenn nicht das Meiste „extratherapeutisch" statt: „Life as it is lived". Zu diesem Kontext gehören insbesondere auch die jeweiligen, institutionellen und gesundheitspolitischen Rahmenbedingungen, unter denen Therapeuten arbeiten. Obwohl in Praxis und Forschung kaum diskutiert, ist der Therapiekontext und darin z. B. auch berufspolitische und monetäre Aspekte für die Praxistätigkeit und das Selbstverständnis hinsichtlich Aufgabe und Rolle des Psychotherapeuten bedeutsam.

## 1.1
## Zur Wechselwirkung von Arbeitskontext, Therapiemotivation und beruflicher Identität

*„Ich bin nicht krank, aber ich brauche Hilfe, auch wenn es mich bei Ihnen etwas kostet."*[4]

Ausgangslage und Motivation für die folgenden Ausführungen sind zum einen die letzten 30 Jahre in eigener Praxis mit der entsprechenden Klientendiversität und zum andern meine Orientierung an systemwissenschaftlichen Konzepten (Rufer, 2013; siehe auch Rufer & Schiepek, 2015, sowie Schiepek, 1999). Zusammen bilden sie meine berufliche Identität als Psychotherapeut.

Ersteres ist in der Schweiz für Psychologinnen insofern nicht der Regelfall, als sich nach geltendem Gesetz psychologische Psychotherapie nur dann über die obligatorische Krankenpflegeversicherung (OKP) abrechnen lässt, wenn sie in ärztlicher Verantwortung und Anstellung als „delegierte Psychotherapie" stattfindet (Stand Oktober 2019)[5]. Eigenständig durchgeführte Psychotherapie ist dann möglich, wenn Psychologinnen über die entsprechende Zertifizierung verfügen und Patienten die Therapiestunden selber bezahlen (mit oder ohne anteilmäßige Beteiligung einer Zusatzversicherung). Obwohl damit jenseits von Qualitätskriterien „Zweiklassentherapie" praktiziert wird, schafft dieses System sozusagen „erwünschte Nebenwirkungen", in dem dadurch Erkenntnisse zur Wirksamkeit von Psychotherapie möglich sind.

---

4 Telefonische Anmeldung von Frau M., 28 J., die u. a. in ihrer Kindheit und Jugend Opfer sexueller Übergriffe geworden war.
5 Ein von Psychologenverbänden vorgeschlagener Wechsel vom „Delegationsmodell zum Anordnungsmodell" befindet sich zurzeit in politischer Vernehmlassung.

Auch wenn meines Wissens darüber keine Forschungsresultate vorliegen, bin ich überzeugt, dass im Rahmen dieses „Alternativmodells" Patientinnen wie Therapeuten die Therapie schon vor, spätestens aber mit Beginn der Therapiesitzungen zu ihrer eigenen Sache machen. Mit der Entscheidung, dass Psychotherapie im wahrsten Sinne etwas kosten darf/soll, werden Grundsteine für *Therapiemotivation*, *Vertrauensbildung* und *Kooperation* gelegt, die später auch konfrontativen, verstörenden Interventionen standhalten. Als Hypothese ließe sich daraus durchaus ableiten, dass mit einem „spezifischen" Wirkfaktor günstige Bedingungen für den erfolgreichen Einsatz von „allgemeinen" Wirkfaktoren geschaffen werden. In einer Zeit, in der die Nachfrage nach Psychotherapie das Angebot bei Weitem übersteigt und die Grundversicherung Psychiatern und Psychotherapeuten einen krisensicheren, „geschützten" Arbeitsplatz garantiert, hat sich hier eine Nische geöffnet, die interessieren müsste.

Der zweite Aspekt meiner Überlegungen, die Orientierung an systemwissenschaftlichen Konzepten, betrifft die *Theorie der Selbstorganisation* als einem Paradigma für die Humanwissenschaften (Rufer & Schiepek, 2015; Kriz, 2017)[6]. In diesem systemisch-integrativen und prozessorientierten Konzept wird Psychotherapie (formal) als komplex[7] definiert, verstanden als ein „Schaffen von geeigneten Bedingungen für die Möglichkeit von Übergängen zwischen dynamischen Mustern" (Haken & Schiepek, 2006). In einem solchen Modell „dynamischer Krankheit" sind Symptome keine stabilen Zustände und sie lassen sich nicht in einem Entweder-oder-Modus valide als „krank" oder „gesund" diagnostizieren. In Abgrenzung zum medizinischen Standardmodell und zu psychiatrisch-medizinischen Dienstleistungen korreliert dieses mit den allgemeinen Effekten von Psychotherapie (Wampold et al., 2018).

Bezogen auf die Therapiepraxis heißt dies, dass
- *Vertrauen* und damit die Bedürfnisse nach Mitgefühl, Bindung, Sinn, Klärung, Kooperation sowie *Ressourcen* und *Kompetenzen* im Zentrum stehen,
- der Focus auf (Nicht-)*Veränderung* und *Synchronisation* liegt,
- der *Kontext* nicht nur reflektiert, sondern im Hinblick auf Nachhaltigkeit auch konzeptualisiert wird,

---

6 Selbstorganisation gilt als ein universelles Prinzip der Ordnungsbildung und des Ordnungswandels in neuronalen, psychischen und sozialen Systemen. Die Synergetik als Theorie von Wechselwirkung aus der Physik entwickelt, konzeptualisiert dieses Wissen auch als ein Paradigma für die Humanwissenschaften. Die synergetische Grundidee ist, dass das komplexe, nicht-lineare Zusammenwirken von Elementen von nur einigen wenigen Prinzipien bestimmt wird.

7 Komplexität tritt in der Psychotherapie auf verschiedenen Systemebenen auf, etwa der nicht-linearen Dynamik und Konnektivität des Gehirns, in psychischen Prozessen des Lernens und der Emotionsverarbeitung, in der Therapeut-Klient-Beziehung wie auch in einem dynamischen Verständnis von Krankheit und Gesundheit.

- diagnosenorientierte Manuale schlecht zum Paradigma nicht-linearer, prozessorientierter Dynamik und einem *idiografischen* Fallverständnisses passen,
- Klienten *nicht* vorschnell zu Patienten gemacht werden,
- Krisenintervention, Beratung und Psychotherapie sich *nicht* streng voneinander abgrenzen lassen,
- Psychotherapie auch als *Wellbeing* und nicht nur als eine Behandlung auf Rezept (für psychische Krankheit) verstanden wird, und
- eine solche Sichtweise Einfluss auf die *Konzeptualisierung*, die Positionierung und die Finanzierung von Psychotherapie im Gesundheitswesen hat.

Interventionen gehören zur Psychotherapie wie das Medikament zur Psychiatrie bzw. Medizin. Umso wichtiger ist das Bewusstsein, dass Therapie in all ihren Wirkungen und Nebenwirkungen Einmischung in „innere Angelegenheiten" ist. Dementsprechend muss sie und damit auch die Therapeutin sich ihren Klientinnen gegenüber legitimieren können. Auch wenn es dafür keinen schriftlichen Vertrag oder ausgefeilte Konzepte oder Manuale braucht, heißt dies nicht, dass „Intervenieren" beliebig ist, im Gegenteil.

## 1.2
## Generische Prinzipien oder wenn weniger mehr ist

> *„Das Einfache ist nicht das Simple, sondern es ist das Komplexe, das sich nichts anmerken lässt." (Franz Hohler)*

Bei aller berechtigten Skepsis gegenüber Komplexitätsreduktion, systemisches Denken und Handeln verlangen, wie der Soziologe Luhmann (1986) sagt, zum einen *„Vertrauen* zur Reduktion der Komplexität" und zum anderen *Leitlinien*. Dabei können *Heuristiken* als Faustregeln wie die von Schiepek aus der Synergetik abgeleiteten „Generischen Prinzipien" von Nutzen sein (Haken & Schiepek, 2006). Diese entsprechen in gewissem Sinne den allgemeinen, unspezifischen Wirkfaktoren wie sie im Kontextuellen Metamodell (Wampold et al., 2018) angelegt sind. Darüber hinausgehend verstehen sie sich als eine Art Kompass oder offene Partitur, um unter Unsicherheit zu entscheiden, das Wesentliche zu identifizieren und das Unwichtige zu negieren. Es handelt sich um einen Filter für passende Indikationsentscheidungen (Wahl des Settings und anderes) und um Kriterien zur Klärung, sinnhaften Einordnung und Veränderung von Problemmustern.

Als *„Generische Prinzipien"* gelten: (1) Herstellen von Stabilitätsbedingungen; (2) Erfassen des relevanten Systems und seiner Muster; (3) Sinnbezug; (4) Schaffen motivationaler Bedingungen, „Energetisierung"; (5) Erkennen von Phasen der Instabilität als inputsensible Phase; (6) Passung mit psychischen und sozialen Prozessen in der Zeit/Kairos; (7) Herausbilden eines neuen Musters; (8) Re-Stabilisierung.[8]

„Wir sind überzeugt, dass diese Ebene der therapeutischen Arbeit ihre eigene Komplexität, Struktur und Organisation besitzt, und die Realität wird erst erkennbar, wenn man sich diese Ebene der Mikrovorgänge sehr genau anschaut" (Stern et al., 2012). Konkretisiert und operationalisiert heißt dies: Wer sagt und macht was wie? Und was sagt und macht der Therapeut (nicht)? Dabei gilt es insbesondere, den richtigen Zeitpunkt (Kairos) „kritischer Instabilität", „breaking points", vor Augen zu haben, bei hoher Emotionalität aber nicht einer Problemtrance zu erliegen und sich so zum (Partei-)Anwalt seines Klienten zu machen. „Die Kompetenz bei der Steuerung eines systemischen Therapieprozesses besteht darin, zu erkennen, welche der vielen zur Verfügung stehenden Techniken – abhängig vom Kontext – gerade produktiv, welche nicht produktiv oder welche gar kontraproduktiv sind" (Clement, 2004, S. 3).

Je länger ich diesen Beruf ausübe, desto bedeutsamer erscheint mir das, was schon Freud – und nach ihm andere mit anderen Worten – gesagt haben: Therapie als eine „talking cure", gewachsen auf einem Boden von *Überzeugung, Vertrauen* und *Resonanz* (Buchholz, 2018). Dabei führen verschiedene Wege nach Rom, aber nicht alle. Rückblickend auf meine Praxis und all die Supervisionen, Fort- und Weiterbildungen darin, kommen mir darum auch Zweifel und Fragen, ob und wie denn das „Allgemeine", das, was Psychotherapie wirksam und uns zu Meistern des Fachs macht, neben all dem „Spezifischen" gelehrt und gelernt wird. Die Vermittlung von Wissen ist es nicht. „Learning from many masters" (Methodenintegration) zum einen und „best practice" (Intuition) sind okay, aber noch keine Qualitätssicherung. Es reicht auch nicht aus, sich einfach auf die Erfahrung oder die Wichtigkeit der therapeutischen Beziehung (alliance) zu berufen. Und ob sich mit Selbsterfahrung und Supervisionen gute Therapeuten „machen" lassen, hängt neben Persönlichkeitsmerkmalen wohl in hohem Maße davon ab, ob Lernende und Lehrende denn auch bereit sind, sich in die Karten schauen zu lassen (z. B. Arbeit mit Videos, Feedbacks usw.).

Eine einfache Antwort auf die komplexe Frage nach der *therapeutischen Kompetenz* habe ich also nicht. Mit dem Versuch, mir auf theoretischem Boden im Folgenden in die Karten schauen zu lassen, in dem ich praktische Essenzen gleichsam als *Dos und Don'ts* ins Zentrum stelle, liefere ich aber einen Diskussionsbeitrag dazu.

---

[8] Weiterführende Theorie und Praxis (inkl. zahlreichen Fallbeispielen) in Rufer, 2013, sowie Schiepek in diesem Buch, S. 88–90

## 1.3
# Geheimnisse aus der Praxis für eine gelingende Therapie

*„Alles soll so einfach wie möglich gemacht werden, aber nicht einfacher"*
*(Albert Einstein)*

Auch wenn ich mich getreu meinem Motto „Erfasse komplex, handle einfach" (Rufer, 2013) mit „Tipps und Tricks" als den Essenzen und Extrakten aus meiner Praxis der Kritik gängiger Ratgeber aussetze („instant happyness"), wage ich es in dieser Form. Zum einen, weil mich das Wissen um die Selbstorganisation *Bescheidung und Prägnanz* gelehrt hat, und zum anderen, weil mich dazu kein Geringerer als der renommierte Paarforscher Gottman (2004) inspiriert hat.

### 1.3.1
### Freue dich auf deine Patienten und vertraue ihnen als Klienten

Nur Therapeutinnen, die ihren Patientinnen und Klientinnen gegenüber stets wohlgesinnt sind und ihre diagnostische Brille auch ablegen können, finden vertrauensvoll Anschluss und schaffen so den Boden für den Aufbau einer mitfühlenden Beziehung (Reddemann, 2019). „Eine riskante Vorleistung" zwar, wie Luhmann (1986) sagt, aber meines Erachtens gerade für Therapeuten eine Basisvariable. Hilfesuchende sind oft beschämt, fühlen sich schuldig und keineswegs motiviert, zum „Psycho" zu gehen. Wer das Vertrauen aber spürt, das in ihn gesetzt wird, findet „sein" eigenes Vertrauen. Die (oft aufgeschobene) Entscheidung, einen Ersttermin zu vereinbaren, ist mehr als ein erster Schritt. Frage darum direkt und offen, aber feinfühlig, was oder wer sie zum Kommen veranlasst hat. Mache transparent, wie du dein Metier verstehst und praktizierst (Therapiefrequenz, Kosten, Arbeitsmittel, Einbezug von Dritten usw.). Hilfesuchende formulieren in der Regel schon beim Erstkontakt (Telefon, Mail) ihr *Anliegen* und signalisieren ihre *Ziele*. Dies gibt dir für die *Auftragsklärung*, die *Systemdynamik* und das weitere Vorgehen wertvolle Hinweise. Verzichte wenn immer möglich zu Beginn auf das Studium von Krankenakten und/oder Therapieberichten. Sie verengen deinen Blickwinkel, verführen dich zu „Mehr desselben" oder „Besserwissen". Mache nicht vorschnell Klientinnen zu Patientinnen, denn nur dann zeigen sie dir auch ihre gesunde Seite, aber etabliere kein Schon- und Vermeidungsklima unter dem Siegel einer guten therapeutischer Beziehung.

> **Fallbeispiel**
> „Ich erinnere mich noch sehr gut an unsere Familientherapie-Sitzungen bei Ihnen. Ich habe mich damals sehr geschämt, dass wir als Familie „aus gutem Hause" zu Ihnen kommen mussten. Im Nachhinein bin Ihnen sehr dankbar für Ihre Hilfe ... Nach unserer letzten Sitzung ist das Problem schnell verschwunden", so der Vater (Anwalt) von Stefan (18 J.), dessen Lehrstelle als Schreiner wegen Drogenmissbrauch gefährdet war. Und Regula (17 J., Gymnasiastin) bilanziert am Therapieende: „Ich habe die Sprechstunden positiv erlebt, es war der einzige Ort, wo wir *gemeinsam als Familie* miteinander sprechen konnten, ohne dass jemand ausgerastet ist oder gar handgreiflich wurde. Ich kann mich auch erinnern, dass Sie jeden zu Wort kommen ließen und dass jeder seinen Standpunkt nennen musste. Das war für mich von Wichtigkeit, weil ich immer die Sandwichrolle hatte. Es war ein Ort, wo ich frei sprechen konnte und nicht Angst haben musste, das *Vertrauen* von den Eltern oder meinem Bruder zu missbrauchen. So war es auch gut, eine Therapiesitzung ohne Eltern zu haben und die Eltern ohne uns Kinder"[9].

## 1.3.2
## Stelle die richtigen Fragen und gib möglichst früh ein Erklärungsmodell für Probleme

Patienten sehen uns als Experten, wollen und brauchen eine nachvollziehbare Erklärung für ihre Probleme und Belastungen. Ein frühes, sinngebendes Verständnis von Problemmustern weist die Richtung zur Gestaltung von Veränderungsprozessen, aber hüte dich vor klinisch-psychiatrischen Etiketten (auch im Gespräch mit Kollegen über deinen Patienten). Misstraue klinischen Diagnosen, deinen eigenen und denen von anderen. Gebrauche Diagnosen dann, wenn damit Veränderungsprozesse angestoßen werden, aber versteck dich nicht dahinter. Gebrauche wann immer möglich *Metaphern*, denn so haben deine Klienten stets ein Bild vor Augen, das sie jederzeit abrufen können. Sei dabei authentisch und versuche nicht, Probleme schön zu reden oder Hoffnung zu induzieren, wo solche nicht angezeigt ist. Hilfesuchende wollen weder getäuscht, kritisiert noch geschont werden. Nimm deine Klienten auch gerade dann ernst, wenn sie schwierig oder nervig sind, aber verliere den *Humor* nicht. Wie in der Musik bestimmen auch in der Therapie der Rhythmus, die Tempi und schließlich der Klang die Resonanz.

---

9 Detaillierte Ausführungen dazu in Rufer, 2013, S. 75 ff.

> **Fallbeispiel**
>
> Vor über 10 Jahren meldete sich Frau M. (35 J., verh., zwei Kinder) wegen Problemen mit ihrer jüngsten Schwester S. (32 J., Musikerin). Als ganze Familie seien sie vor ca. 15 Jahren wegen ihrer Anorexie als Familie in psychiatrischer Behandlung gewesen. Der Gemütszustand und die Geschwisterbeziehung seien nach wie vor belastet, und sie mache sich Sorgen wegen der Entwicklung ihrer eigenen Kinder. Ihrem Wunsche folgend finden innerhalb eines Jahres ca. zehn Sitzungen, z. T. auch unter Einbezug des Ehemanns statt. Fünf Jahre später meldet sich Frau M. erneut und auf meinen Vorschlag hin wird nun auch S., das „schwarze Schaf" (Aussage von S.), eingeladen und einbezogen. Auf dem Boden von Vertrauen und „Allparteilichkeit" fragt mich S. an für Therapiestunden im Einzelsetting. Im Zentrum der weiteren Kooperation stehen Beziehungs- und Abgrenzungsprobleme, eigene Bedürfnisse und Ängste sowie auch die Geschichte ihrer Rolle in der Ursprungsfamilie. Im Rückblick auf die Therapiestunden schreibt mir S: „Heute ist mir möglich, meiner Intuition zu vertrauen. Manchmal bin ich überrascht, wenn ich merke, wie sich mein Leben anders anfühlt und ich meiner Intuition nun vertrauen kann." Und formuliert als Musikerin mit ihren Worten treffend, „dass Therapie, die etwas zum Klingen bringen will, ein *Resonanzraum* und nicht ein Echozimmer sein muss".[10]

### 1.3.3
### Höre und schaue genau hin, orientiere dich an den Feedbacks, aber interveniere sparsam

Gute Therapeuten sind feinfühlige Gesprächskünstler, die sowohl Klartext reden als auch schweigen können. Höre, schaue und frage darum *beharrlich*, aber *feinfühlig* und achte auf das, was weggelassen, schöngeredet oder vermieden wird. Nutze den „Widerstand" („Aikido-Technik") und den therapeutischen Kontrakt, der dir die Erlaubnis zur Einmischung gibt. Wenn du unsicher bist, frage deinen Klienten, denn nur er weiß, was angekommen ist und in welche Richtung die Reise gehen soll. Und denke immer daran, dass auch Umwege Wege sind und dass Stolpersteine helfen, den richtigen Tritt wiederzufinden. Beende darum lieber früher als später. Klienten, die sich bei dir gut aufgehoben fühlten, kommen wieder, wenn sie dich brauchen. Genauso wie ein guter Sportarzt mit seinen Händen sieht und erkennt, sieht und erkennt ein Psychotherapeut durch seine *Präsenz*. Wenn es unter die Haut geht, weiche nicht zurück, zeige deine Betroffenheit (Mitgefühl), aber schütze dich davor, in Problemtrance zu erstarren. Bleibe stets selbstkritisch, wenn Patienten treuherzig kommen, die Therapie sich aber im Kreis dreht.

---

10 Detaillierte Ausführungen dazu in Rufer und Forster, 2019, S. 290 ff.

> **Fallbeispiel**
> „Ich habe einen Klienten mit depressiven Symptomen, welcher einen erfahrenen Therapeuten möchte und in einer schwierigen Situation ist." So wird mir Herr M. (35 J., verh., 1 Kind 8 Mt., Chemieingenieur, geb. in Frankreich) vom psychologischen Dienst einer größeren Firma angemeldet. Im Erstgespräch wird deutlich, dass Herr M. mit der Situation seines behinderten Sohnes (Genmutation) nicht klarkommt, oft auch seinen Vater vermisst, den er mit zehn Jahren an Krebs verloren hat, und zudem im Geheimen auch eine Außenbeziehung mit S. angefangen hat. „Ich habe sie zwar beendet, aber sie geht mir nicht aus dem Kopf." Mit der Arbeit in der Firma ist er sehr zufrieden, Kollegen und Freunde gibt es, „aber meine Frau und mich zieht es dorthin zurück, wo wir herkommen". Was das Ziel einer Therapie anbetrifft, meint Herr M.: „Ich hoffe, dass Sie mir die *richtigen Fragen* stellen, damit ich weiß, was ich für die Zukunft machen soll." Entlang *seines Zieles* werden in den ersten beiden Sitzungen „Baustellen und Schlaglöcher" angegangen und Optionen für ein „Haus mit Aus- und Weitblick" reflektiert.
>
> Vier Wochen später berichtet Herr M. – spürbar entspannt –, dass ihm zwischenzeitlich von seiner Firma eine Stelle in seinem Herkunftsland angeboten worden war. Wider Erwarten mache auch sein Sohn Entwicklungsschritte. Zusammen mit seiner Frau seien sie nun auf der Suche nach einem „Haus mit Ausblick" … Klar geworden sei ihm, dass er die Außenbeziehung beenden werde.

### 1.3.4
### Nutze Bindungen als supportives Ressourcenpriming

Verstehe Psychotherapie jenseits (d)einer Therapieschule als kontextuell in all ihren individuellen und interaktionellen Wechselwirkungen. Verflechtungen und Verstrickungen geben dir wertvolle Hinweise für „Mehrebenen-Therapie". „Auf der Suche nach neuen Winden musst du die Ebene wechseln", kommentierte der Psychiater und Ballonfahrer Bertrand Piccard seine Weltumrundung (Piccard, 2005). Stelle darum dein gewähltes und bevorzugtes Therapiesetting selbstkritisch auf den Prüfstand. Insbesondere bei fehlender Therapiemotivation oder in Sackgassen öffnet der *Einbezug von Angehörigen* (nicht nur bei Kindern und Jugendlichen) oft verschlossen geglaubte Türen. Handle dabei stets im Einverständnis mit deinem Patienten, denn er weiß, wann, was und wer für ihn wichtig ist. Kooperiere mit allen, die kooperieren wollen und können, und nutze die Möglichkeit *unterschiedlicher Therapiesettings* (Rufer, 2018).

> **Fallbeispiel**
>
> Frau N. (29 J., Lehrerin) meldet sich aufgrund von belastenden, wenn auch „diffusen" Erinnerungen an Übergriffe seitens ihres Vaters (vor zehn Jahren an Krebs verstorben). An dieser „Unklarheit" drohe sie zu zerbrechen und beginne demnächst zu „spinnen". Überzeugt davon, dass dies der Grund ist, dass sie mit Männern schnell auf Kriegsfuß stehe, habe sie bisher auch keine intimen/sexuellen Beziehungen aufnehmen können. Ein Einbezug der ihr sonst nahe stehenden Mutter komme aber auf keinen Fall infrage, da diese ihr ohnehin nicht glauben würde/könne. Auch deshalb lege ich den Fokus in den ersten Sitzungen auf ihren Umgang mit Beziehungen und diesbezüglichen Ängsten am Arbeitsplatz, mache aber immer wieder Angebote (mit Bezug zu Anlass und Anliegen), die Mutter einzubeziehen. Schließlich orientiert Frau N. von sich aus ihren Bruder anlässlich einer persönlichen Einladung und ist erstaunt, dass dieser ihr glaubt. In der Folge kann sie auch die Mutter daraufhin ansprechen und sie in eine Therapiesitzung einladen. Drei Jahre nach Abschluss der Therapie schreibt mir Frau auf meine Nachfrage, wie es ihr zwischenzeitlich gehe und welche Erinnerungen sie an die Therapie habe: „Das *prägendste Erlebnis* war aber die Sitzung, an der meine Mutter teilgenommen hatte. Ich hätte nie und nimmer für möglich gehalten, dass dies überhaupt einmal geschehen könnte. Ich glaube, danach hat meine Mutter endlich erfasst, was geschehen ist".[11]

### 1.3.5
### Nutze Krisen und Instabilitäten als inputsensible Phasen

Wandel ist eine Türe, die nur von *innen* (Patient/Klient) geöffnet werden kann. Beachte darum instabile, kritische, für die Therapie aber inputsensible Phasen als „Gegenwartsmomente" (Stern et al., 2012), auch wenn du dich vor der Dynamik, den damit verbundenen Turbulenzen und Emotionen fürchten solltest. Sag lieber nein, wenn die Unsicherheit bzw. Angst vor dem, was auf dich wartet, zu groß ist. Versuche aber Klienten nicht hinzuhalten, wenn du keinen Therapieplatz anbieten möchtest. Verzichte lieber auf Wartelisten, denn ein *zeitnahes*, wenn auch *befristetes Beratungs- und/oder Krisenangebot* kann oft Wunder wirken oder ist die halbe Miete für eine (vertiefende) Fortsetzung zu einem späteren Zeitpunkt. Prozesse der Selbstorganisation laufen so oder so, wenn auch nicht immer in die erwünschte Richtung. So wie diese gefördert werden können, so können sie von Therapeuten aus Ungeduld, Erwartungsdruck oder Angst auch gestört oder gebremst werden. Hüte dich

---

11 Detaillierte Ausführungen dazu in Rufer, 2013, S. 197ff

darum vor „Parteilichkeit", „Interventionitis" und schnellen Lösungen. Oft gilt es, wenn auch wertschätzend, „um den Brei herum zu reden", um etwas *auf den Punkt* zu bringen. Zum Erfassen der Synchronisationsprozesse nutze die Möglichkeit audiovisueller Aufzeichnungen von Therapieprozessen (Super-/Intervision).

> **Fallbeispiel**
> „Sie selber haben ja nicht viel gesagt, aber unsere Herzen geöffnet." So kommentierte Herr F. (Afrika, 33 J. verh., zwei Kinder) meinen Beitrag im Rückblick auf die erste Sitzung zusammen mit seiner Frau (Schweiz, 33 J.). Dabei ging es um nicht weniger als die Frage, ob seine Frau nach großen Auseinandersetzungen und anschließender „Flucht" zusammen mit den Kindern ins Frauenhaus wieder nach Hause zurückkehren will und kann. Unklar, ob jemand bzw. wer nach der ersten, sehr turbulent verlaufenen Sitzung überhaupt noch zu der zweiten, im Vorfeld schon abgemachten Sitzung kommen würde, entwickelten die beiden zwischenzeitlich einen „Wiederannäherungsprozess". Eine Woche später kamen beide in kooperativer Stimmung und beantworteten mein Erstaunen rückblickend auf die erste Sitzung: „Was ich sagen wollte, konnte ich sagen. Gabi hat auch das gesagt, was sie sagen wollte. Vielleicht zum ersten Mal gemeinsam vor jemandem, der *neutral und unvoreingenommen* ist." (Herr F.) „Ich habe nun das *Vertrauen*, dass der nächste Schritt möglich ist. Von außen mussten wir zum Vertrauen zurückfinden, die Liebe, die war einfach da" (Frau F.; Rufer, 2013, S. 135).

## 1.3.6
### Achte auf dich selbst, vertraue deinen Skills und deinem Bauchgefühl

Das Wissen um die Kraft der Selbstorganisation ist die beste *Prävention* gegen ein Burn-out. Spring darum nicht auf jede Therapiewelle. Während Wellenreiter schon auf die nächste warten, besinne dich auf das, was bleibt und was du kannst. Selbstvertrauen heißt Vertrauen in die eigenen Fähigkeiten. Nutze wann immer möglich Gelegenheiten für Weiterbildungs- und/oder Publikationstätigkeit. Sie helfen dir zu begreifen, verstehen und formulieren, was hinter deiner Praxistüre geschieht. Selbstvertrauen heißt Vertrauen in den anderen und das Leben. Nutze das dir entgegengebrachte Vertrauen, aber hüte dich davor, belehrend eigene Lebenserfahrungen einzubringen. Gute Therapeuten sind authentisch, können aber sowohl *zweifeln* als auch *zu Fehlern stehen*. Wenn du merkst, dass etwas falsch läuft, ändere es. Erkenne und respektiere die Grenzen der Machbarkeit, aber wisse:

> *„Was am Ende bleibt, ist die Erfahrung, dass es sich lohnt zu vertrauen."*

> **Fallbeispiel**
>
> Herr F. K., (19 J., arbeitslos), seit Jahren abhängig vom Sozialdienst, wird mir von der Mutter, unterstützt von der Jugendanwaltschaft angemeldet. Die Mutter (seit 15 Jahren geschieden, Kindergärtnerin) lebt die meiste Zeit im Ausland und der Vater, Afrikaner, ist seit Längerem IV-Rentner. Bisherige stationäre und ambulante „Therapien" hat F. nach kurzer Zeit abgebrochen und die Mutter hält sich möglichst fern von Streitereien mit F. und den „ewigen Schuldvorwürfen der Experten". Im Erstgespräch (zusammen mit Mutter und Sohn) grenze ich mich (von Erwartungen) insofern ab, als ich mich bescheide und deutlich mache, dass wohl auch ich scheitern werde, dass er aber unter dem Motto „Du hast keine Chance, nutze sie" (Graffiti) gerne mit mir starten könne. Klar sei mir, dass seine Mutter, in welcher Form auch immer, mit im Boot sein müsste.
>
> In den vergangenen 15 Monaten haben bis auf wenige Ausnahmen (unter Abmeldung) 35 Sitzungen stattgefunden. In Telefon- oder Mailkontakten stehe ich der Mutter in ihren Sorgen, Hilflosigkeit, aber auch Wut und Fragen nach ihrer Rolle/Aufgabe *beratend* zur Verfügung. Obwohl sich F. spürbar öffnen und zunehmend auf persönliche Auseinandersetzungen einlassen kann, werden Arbeitsversuche immer wieder abgebrochen, und er lebt fortgesetzt vom Sozialdienst; eine Situation, die auch für mich als Therapeuten Fragen aufwirft. Dazu schrieb mir die Mutter vor Kurzem: „Dass die Therapie diesbezüglich wenig Veränderung zeigt, hat wohl wenig mit Ihnen als mit F. K. zu tun – nichts Neues. Werten Sie es als Erfolg, dass er immer noch zu Ihnen kommt."

„Hold the vision – trust the process", denn die Psychotherapie von morgen wird eine andere sein. Nicht nur, weil wir inzwischen mehr wissen, die Männer sich zunehmend aus dem Feld verabschieden, sondern auch darum, weil E-Mental-Health, schnelle Medien und neue Technologien zunehmend zum Einsatz kommen werden. Vieles werden diese ebenso gut oder sogar besser können. Umso wichtiger ist es, sich auf das zu besinnen, was *uns als (analoge) Psychotherapeuten auszeichnet*: Gerne schließe ich mich darum zum Schluss dem US-amerikanischen Psychoanalytiker, Psychiater, Psychotherapeuten, Schriftsteller und emeritierten Professor für Psychiatrie Irvin D. Yalom (*1931) an, der vor Kurzem resümierte: „Inzwischen weiß ich nur eins mit Bestimmtheit: Wenn ich ein authentisches und mitfühlendes Umfeld schaffe, werden die Patienten die Hilfe finden, die sie brauchen, und das oft auf so eine wundersame Weise, die ich niemals hätte vorhersagen, geschweige denn mir vorstellen können." (Yalom, 2018, S. 138). Und vielleicht gilt ja für die Psychotherapie Ähnliches wie für die Philosophie, von der Wittgenstein einmal gesagt hat, sie sei der Versuch, einer Fliege zu helfen, wieder aus der Flasche zu kommen …

## Literatur

Buchholz, M. B. (2018). Medizinalisierung schadet professioneller Psychotherapie. *Familiendynamik 43* (4), 290–302.

Calaprice, A. (Hrsg.). (1979). *Einstein sagt. Zitate, Einfälle. Gedanken.* München: Piper.

Chul Han, B. (2012). *Transparenzgesellschaft.* Berlin: Matthes & Seitz.

Clement, U. (2004). *Systemische Prozess-Steuerung.* IGST-Curriculum Systemische Supervision. Unveröffentlichtes Manuskript.

Finger, E. (2018, 17. Mai). Du sollst ruhig zweifeln. *Die Zeit,* S. 54–56.

Fuchs, P. (2011). *Die Verwaltung der vagen Dinge. Gespräche zur Zukunft der Psychotherapie.* Heidelberg: Carl-Auer.

Gottman, J. M. (2004). *Die 7 Geheimnisse der glücklichen Ehe.* Berlin: Ullstein.

Haken, H. & Schiepek, G. (2006). *Synergetik in der Psychologie.* Göttingen: Hogrefe.

Hohler F. (2010). *Das Kurze, das Einfache, das Kindliche.* München: Luchterhand.

Kriz, J. (2017). *Subjekt und Lebenswelt. Personzentrierte Systemtheorie für Psychotherapie, Beratung und Coaching.* Göttingen: Vandenhoeck & Ruprecht.

Luhmann, N. (1986). *Vertrauen.* Stuttgart: F.Enke Verlag.

Piccard, B. (2005, 17. August 2005)). Interview. *Der Bund,* S. 16.

Reddemann, L. (2019). Über Mitgefühl – ein common factor in der Therapie mit traumatisierten Menschen? *Systeme, 1,* 6–23.

Rufer, M. (2013) *Erfasse komplex, handle einfach. Systemische Psychotherapie als Praxis der Selbstorganisation – ein Lernbuch* (2. Aufl.). Göttingen: Vandenhoeck & Ruprecht.

Rufer, M. (2018). Veränderung des Settings als Intervention. In K. von Sydow & U. Borst (Hrsg.), *Systemische Therapie in der Praxis.* Weinheim: Beltz.

Rufer, M. & Forster, S. (2019). Vertrauen – ein Dialog über die Therapie zwischen Sabine Forster und Martin Rufer. *Kontext, 50* (3), 290–296.

Rufer, M. & Schiepek, G. (2015). Therapie als Förderung von Selbstorganisationsprozessen. Ein Beitrag zu einem integrativen Leitbild systemischer Psychotherapie. *Familiendynamik 39,* 326–335.

Schiepek, G. (1999): *Die Grundlagen der Systemischen Therapie. Theorie – Praxis – Forschung.* Göttingen: Vandenhoeck & Ruprecht.

Stern, D. N. et al. (2012). *Veränderungsprozesse. Ein integratives Paradigma.* Frankfurt a. M: Brandes & Aspel.

Wampold, B. E., Imel, Z., Flückiger, Ch. (2018). *Die Psychotherapiedebatte. Was Psychotherapie wirksam macht.* Bern: Hogrefe.

Yalom, I. D. (2018). *Denn alles ist vergänglich. Geschichte aus der Psychotherapie.* München: btb.

# 2 Vertrauen und Selbstwirksamkeit aus Sicht der Psychotherapieforschung

*Ulrike Dinger*

Therapeuten unterscheiden sich: Bei manchen werden die Patientinnen gesünder als bei anderen (siehe z. B. Dinger, Stack, Leichsenring, Wilmers & Schauenburg, 2008). Doch was zeichnet die Arbeit guter Therapeutinnen aus? Der Beitrag von Martin Rufer ist selbst bereits ein Beispiel für gelungene Integration von Forschung mit der Sicht eines Klinikers, zitiert er doch wegweisende Befunde zu den allen Verfahren gemeinsamen allgemeinen Wirkfaktoren (sog. „common factors") aus der Psychotherapie-Prozessforschung als Ausgangspunkt für seine Leitsätze, wie sich gute Therapeuten verhalten können. In meiner Antwort möchte ich neben einem Bezug auf aktuelle Forschungsergebnisse diskutieren, wie sich seine Vorschläge für Therapeuten auf die beiden Polaritäten „Vertrauen" in der therapeutischen Beziehung und „Selbstwirksamkeit" aus Perspektive der Patientinnen auswirken.

## 2.1 Zwei Polaritäten

Modelle, die eine Orientierung hin zu anderen Menschen einer Orientierung auf das Eigene gegenüberstellen, finden sich in ganz unterschiedlichen Forschungszweigen der Psychologie. Besonders einflussreich sind hier zum Beispiel das Interpersonelle Zirkumplexmodell um die Dimensionen Affiliation und Kontrolle (Horowitz, 2004), Bezogenheit und Selbstdefinition nach Blatt (Blatt & APA, 2004) oder das Alternative Modell der Persönlichkeitsfunktion nach DSM-5 (American Psychiatric Association, 2013). Es liegt daher nahe, auch für den psychotherapeutischen Prozess die heilsame Wirkung des Erlebens und Gestaltens einer zunehmend befriedigenden Beziehung parallel zur ebenfalls genesungsfördernden Wirkung von zunehmender Selbstwirksamkeit anzunehmen. Dabei hat insbesondere der Bereich der Beziehung durch die Forschung zum Einfluss der therapeutischen Allianz in der Vergangenheit viel Aufmerksamkeit erfahren. Hier existieren zahlreiche Studien, die belegen, dass eine gute therapeutische Beziehung zwischen Patient und Behandler mit einem positiven Therapieergebnis einhergeht (Flückiger, Del Re, Wampold & Horvath,

2018). Aktuelle Befunde gehen sogar darüber hinaus und legen nahe, dass eine gute Therapiebeziehung einen Teil des Therapieergebnisses kausal erklären kann, also tatsächlich kurativ wirkt (z. B. Zilcha-Mano, 2017).

Demgegenüber steckt die Forschung zum Einfluss des Selbstwirksamkeitserlebens in der Psychotherapie noch in den Kinderschuhen. Dabei konstatierten Psychotherapieforscher um David Orlinsky bereits vor 15 Jahren, dass der aktiven Partizipation des Patienten als Wirkfaktor in der Psychotherapie deutlich mehr Aufmerksamkeit geschenkt werden sollte (Orlinsky, Ronnestad & Willutzki, 2004). Derzeit wird diese Forschungsrichtung unter dem englischen Begriff „Agency" subsumiert. Darunter wird das Erleben von Patienten verstanden, ihr Leben (und auch den Therapieprozess) aktiv und selbstwirksam mitzugestalten und letztlich auf sich und andere Einfluss nehmen zu können. Facetten davon können zum Beispiel die aktive Beteiligung von Patienten während der Sitzung, ein Prozessieren und Ausprobieren von Therapieinhalten zwischen Sitzungen oder die Erkenntnis sein, dass man selbst (und nicht der Therapeut) der „Agent", also die treibende Kraft der Veränderung ist. Erste Befunde zeigen, dass sowohl eine aktive Beteiligung von Patientinnen während der Therapiesitzung als auch ein weiteres Prozessieren von Therapieinhalten mit besseren Therapieergebnissen in Form von Symptomreduktion in Zusammenhang stehen (z. B. Huber et al., 2018).

## 2.2
## „Freue dich auf deine Patienten und vertraue ihnen als Klienten" und „Stelle die richtigen Fragen und gib möglichst früh ein Erklärungsmodell für Probleme"

Sich auf seine Patienten zu freuen, ist sowohl eine Grundvoraussetzung für eine positive Beziehung zwischen Therapeutin und Patient als auch ein Ausdruck derselben. Nicht umsonst ist die emotionale Bindung ein Teil der von Bordin als pantheoretisch konzeptualisierten und schulenübergreifend anerkannten therapeutischen Arbeitsbeziehung. Es gibt allerdings wenig empirische Forschung darüber, ob eine gelungene Therapie eigentlich auch möglich ist, wenn die Basis der Sympathie zwischen Patientin und Therapeut fehlt. Die Forschung zu ungünstigen Therapieverläufen in Form von frühzeitigen Abbrüchen legt jedoch nahe, das dies auch mit einer Beziehungsstörung einhergeht (Sharf, Primavera & Diener, 2011).

Martin Rufer betont die Notwendigkeit, sich insbesondere zu Therapiebeginn in den Patienten einzufühlen und ihn „abzuholen". Dazu benennt er u.a. eine individuelle Orientierung an den Zielen der Patienten sowie eine transparente Aufklärung über die Rahmenbedingungen der Therapie anstelle einer Orientierung an Diagnosekategorien oder Vorbefunden. Im nächsten Leitsatz empfiehlt er weiter, frühzeitig ein geeignetes Erklärungsmodell für die den Patienten belastenden Probleme zu geben. Damit geht er über reine vertrauensbildende Maßnahmen hinaus, in dem er den Patienten gleich als aktiven Teilnehmer in den Therapieprozess einbindet. Seine Empfehlung beinhaltet das Element, dass der Patient selbst bestimmt, wohin der Therapieprozess gehen soll. Die Bedeutsamkeit dieses Elementes findet sich sowohl in der Konzeptualisierung der therapeutischen Allianz (Facetten der Übereinstimmung zu therapeutischen Zielen und Aufgaben) als auch im Konstrukt der therapeutischen Agency und Selbstwirksamkeit wieder: Es ist nötig, sich eigene Ziele zu setzen, um diese selbstbestimmt verfolgen zu können. Die transparente Aufklärung über Rahmenbedingungen, Therapierational und das Störungsmodell des Therapeuten ermöglicht eine Begegnung der beiden Teilnehmer auf Augenhöhe. Tatsächlich ist eine dezidierte Aufklärung von Patienten mittlerweile Bestandteil zahlreicher Behandlungsmanuale in randomisiert-kontrollierten Studien unterschiedlicher Therapieschulen (Leichsenring & Schauenburg, 2014; Barlow, Allen & Choate, 2016) und auch notwendiger Bestandteil in der deutschen Richtlinienpsychotherapie.

Die Betonung der Wichtigkeit des Therapiebeginns deckt sich weiter mit empirischen Forschungsergebnissen zur Rolle von Therapieerwartungen. Hier zeigen empirische Studien, dass eine initial positive Änderungserwartung von Patienten mit deutlich besseren Behandlungsergebnissen verknüpft ist (Constantino, Vîslă, Coyne & Boswell, 2018). Diese Befunde, die sicher zum Teil als sich selbst erfüllende Prophezeiung zu verstehen sind, verdeutlichen, wie nachhaltig eine Investition in die Förderung einer realistischen, positiven Änderungserwartung zu Therapiebeginn sein kann.

Selten genannt werden Empfehlungen zur Verwendung von Metaphern und Humor, obwohl der gekonnte Einsatz von beidem auch aus meiner eigenen klinischen und supervisorischen Erfahrung gute Therapeuten regelrecht auszeichnen kann. Dementsprechend schlagen auch andere Wissenschaftler mit klinischer Erfahrung vor, die Fähigkeit zum therapeutischen Humor als Charakteristikum guter Therapeuten anzuerkennen (Knox, Butler, Kaiser, Knowlton & Hill, 2017). Allein die Kombination der beiden Wörter „Humor" und „Psychotherapie" in der Literaturdatenbank PsycInfo ergibt über 700 Treffer, was für das hohe klinische Interesse an diesem Thema spricht. Trotzdem gibt es bisher kaum quantitativ-empirische Belege dafür, dass die Verwendung von bildhaften Metaphern oder von Humor tatsächlich den Therapieprozess und die Genesung von Patienten fördert – hier ist Forschung dringend nötig.

## 2.3
## „Höre und schaue genau hin, orientiere dich an den Feedbacks, aber interveniere sparsam"

Mit diesem Leitsatz betont Martin Rufer die Wichtigkeit eines feinfühligen Abstimmens und die angemessene Dosierung therapeutischer Interventionen. Selbstverständlich trägt die empathische Feinfühligkeit von Therapeuten zur Förderung des Sich-Verstanden-Fühlens auf Seiten des Patienten und damit zur Qualität der therapeutischen Beziehung bei. Zusätzlich bahnt eine solche Haltung Agency und Selbstwirksamkeit von Patienten: Wenn der Therapeut so sparsam wie möglich interveniert, bleibt mehr Raum für den Patienten und dessen eigene Initiative, sodass unnötige Abhängigkeit vermieden werden kann. Natürlich wird die Frage nach der „angemessenen" Dosis therapeutischer Interventionen je nach Therapieschule und den Persönlichkeiten von Patient und Therapeut unterschiedlich beantwortet werden.

Klassischerweise sind Therapeuten in strukturierteren Therapieverfahren wie der kognitiven Verhaltenstherapie oder der interpersonellen Therapie deutlich aktiver, während Therapeuten in psychoanalytisch orientierter Psychotherapie mehr schweigen, wodurch jede einzelne Äußerung des Therapeuten zwangsläufig höher gewichtet wird. Interessanterweise liegt vielen empirischen Studien schulenübergreifend trotzdem eine „Mehr ist besser"-Hypothese zugrunde, nach der untersucht wird, ob das Ausmaß von Manual-Adhärenz oder die Häufigkeit von bestimmten Interventionen mit besseren Therapieergebnissen verknüpft sind. Die Ergebnisse solcher Studien zeigen überwiegend, dass dies nicht der Fall ist. So besteht z. B. kein signifikanter linearer Zusammenhang von manualgetreuen Interventionen in randomisierten Studien mit dem Therapieergebnis (Webb, DeRubeis & Barber, 2010). Eine darauf aufbauende empirische Studie zum Thema zeigte jedoch für eine psychodynamische Therapie, dass weder ein Zuviel noch ein Zuwenig, sondern stattdessen ein moderates (mittleres) Niveau der Dosierung von dynamischen Interventionen am erfolgversprechendsten war (McCarthy, Keefe & Barber, 2016).

Die Aufforderung zur feinfühligen Dosierung berührt auch den Aspekt der therapeutischen Responsivität. Hierunter wird die flexible und individuelle Anpassung der therapeutischen Interventionen, aber auch von Aspekten der Nähe und Distanz in der Beziehungsgestaltung an die individuelle Person des Patienten verstanden. Für Psychotherapieforscher stellt gelungene Responsivität paradoxerweise ein „Problem" dar: Wenn Therapeuten intuitiv ihre Dosierung der Interventionen an den individuellen Patienten anpassen, ist der empirische Nachweis, dass ein bestimmtes Therapeutenverhalten oder eine bestimmte Interventionsstrategie erfolgversprechend ist, mit den Mitteln quantitativer Forschung kaum möglich (Kramer & Stiles, 2015).

Das Zitat der Patientin von Martin Rufer endet mit dem schönen Bild von Therapie als Resonanzraum, indem beide Teilnehmer miteinander „schwingen". Dass dies nicht nur metaphorisch, sondern sogar ganz praktisch zu verstehen ist, zeigt der noch relativ junge Forschungsbereich zur nonverbalen Synchronie. Hier wird untersucht, ob synchrone Körperbewegungen oder eine Anpassung von paraverbalem Verhalten die therapeutische Beziehung und das Therapieergebnis beeinflussen. Dieses scheint in der Tat der Fall zu sein, allerdings ist auch hier möglicherweise ein mittleres, moderates Level am günstigsten (z.B. Koole et al. 2018; Ramseyer & Tschacher, 2014).

## 2.4
## „Nutze Bindungen als supportives Ressourcenpriming"

Die Effektivität von Paar- und Familientherapie bei Erwachsenen ist bekannt (Carr, 2018). Martin Rufer schlägt jedoch vor, auch bei zunächst als Einzeltherapien konzipierten Behandlungen an kritischen Punkten dritte Personen einzubeziehen. Dies hat außerhalb der Behandlungen von Kindern und Jugendlichen heute noch Seltenheitswert. Da jedoch sogar für die Behandlung körperlich kranker Erwachsener positive Effekte des Einbezugs der Familie bestehen (Hartmann, Bäzner, Wild, Eisler & Herzog, 2010), sollte dies für die allgemeine Psychotherapie ebenfalls gelten. Diese Erkenntnis findet langsam Eingang in die Forschungspraxis in Form von Therapiemanualen (z.B. Friederich, Wild, Zipfel, Schauenburg & Herzog, 2019).

Doch was bedeutet der Einbezug von Dritten für die therapeutische Beziehung und die empfundene Selbstwirksamkeit? Wie Martin Rufer selbst anmerkt, ist das Einverständnis des Patienten unbedingte Voraussetzung. Trotzdem kann in Paar- oder Familiensitzungen ein Loyalitätsproblem entstehen, das der ausführlichen Vor- und Nachbereitung zwischen Patient und Therapeut bedarf. Wenn dies gelingt, kann die therapeutische Beziehung gestärkt werden. Martin Rufers Fallbeispiel verdeutlicht zudem, dass Elemente wie das Gewinnen von Angehörigen für eine Teilnahme an einer Therapiesitzung oder das Gefühl, sich im Rahmen einer gemeinsamen Sitzung endlich Gehör gegenüber Angehörigen zu verschaffen, auch die erlebte Selbstwirksamkeit von Patienten fördern können.

## 2.5
## „Nutze Krisen und Instabilitäten als inputsensible Phasen" und „Achte auf dich selbst, vertraue deinen Skills und deinem Bauchgefühl"

Hier spricht Martin Rufer die große Frage des richtige „Timings" an. Wann ist ein guter Moment, eine Therapie zu beginnen, wo gibt es tatsächlich geeignete Zeitfenster zur Veränderung? Der Appell gegen lange Wartelisten entspricht nicht nur dem Patientenwunsch, sondern auch der klinischen Erfahrung und ist sinnvoll, um eine Chronifizierung zu verhindern. Gleichzeitig scheinen hier Forschungsbefunde und Erfahrungen auseinanderzugehen: Die Empirie zeigt immer wieder einen positiven Wartelisten-Effekt (z. B. Whiteford et al., 2013). Ein Teil von Patienten erfährt also schon während des Wartens auf einen zugesagten Therapieplatz eine gewisse Entlastung, möglicherweise aufgrund von psychologischen Faktoren wie Erwartungseffekten. Bezogen auf die Polaritäten Vertrauen auf Beziehung versus Selbstwirksamkeit würde ein zu langes Warten bedeuten, dass das vertrauensvolle Hinwenden zu einem Therapeuten enttäuscht wird und ein Ohnmachtsgefühl entsteht, weil der Prozess des Wartens nicht beschleunigt werden kann. Gleichzeitig kann aber die Erfahrung, dass lediglich minimale Unterstützung während der Warteperiode ausreicht, auch zu einem größeren Selbstwirksamkeitserleben führen („Ich schaffe das!"). Bisher gibt es wenig empirische Ergebnisse darüber, wer von einer Warteliste profitiert, sodass die Abwägung – wann ist ein Warten zumutbar oder sogar förderlich, wann dagegen ein sofortiger Behandlungsbeginn sinnvoll – weiter eine individuelle Therapeutenentscheidung bleibt.

Zu beiden Leitsätzen gehört, dass Therapeutinnen ihre eigenen Impulse und emotionalen Reaktionen beachten sollen – sei es, um einen Patienten aus realistischer Einschätzung aktueller eigener Grenzen auch einmal nicht zu behandeln, oder sei es, dass sie sich zum Schutz vor Burn-out um eigene Reflexionsmöglichkeiten bemühen. Hierzu ist anzumerken, dass der Beruf des Therapeuten einerseits Raum für Kreativität, intellektuelle Stimulation, bedeutsame zwischenmenschliche Begegnungen und ein weitgehend selbstständiges und unabhängiges Arbeiten ermöglicht. Gleichzeitig wirken die empathische Anteilnahme an den Problemen der Patienten und die sich häufig auch in der therapeutischen Beziehung manifestierenden interpersonellen Probleme von Patienten belastend (Dinger, 2018).

Studien zur Gesundheit und Lebensqualität zeigen, dass Therapeuten tatsächlich etwas weniger gesund und weniger zufrieden als entsprechende Vergleichsstichproben aus der Allgemeinbevölkerung sind (z. B. Hessel, Geyer, Weidner & Brähler, 2006; Reimer, Jurkat, Vetter & Raskin, 2005). Dies legt nahe, dass ein sorgsames Achten auf eigene Belastbarkeitsgrenzen tatsächlich wichtig ist. Die Forschung zeigt weiterhin, dass Therapeuten vor allem dann Stress im Umgang mit Patientinnen empfinden, wenn sie vermehrt Schwierigkeiten in der direkten therapeutischen Arbeit mit Patienten erleben, sich während der Sitzungen langweilen oder überfordert fühlen und wenig Unterstützung am Arbeitsplatz erleben („stressful involvement"; Orlinsky & Ronnestad, 2005).

## 2.6
## Vertrauen als Wegbereiter für Selbstwirksamkeit

Das von Martin Rufer als zentral herausgearbeitete Vertrauen von Psychotherapeuten in den therapeutischen Prozess und in ihre Patienten ermöglicht sowohl vertrauensvolle Beziehungserfahrungen als auch Selbstwirksamkeitserleben bei diesen. Wir wissen um den positiven Einfluss der therapeutischen Beziehung, gleichzeitig wäre ein alleiniges Vertrauen von Patienten in die Person des Therapeuten oder darauf, dass das bloße Erscheinen in der Therapiesitzung wie eine medizinische Tablette genügt („Machen Sie mich bitte wieder heile"), wenig erfolgversprechend. Es bleibt eine Notwendigkeit, dass Patienten die Therapie zu ihrer eigenen Sache machen. Dazu gehört auch der Zweifel, den auch Martin Rufer dem Vertrauen als Gegenpol gegenüberstellt. Zweifel bedeutet, neben dem Vertrauen innerhalb der therapeutischen Beziehung die gemeinsame Arbeit, die therapeutischen Ziele und Aufgaben für sich zu prüfen, um dann in der Folge selbstwirksam die Therapie für die Erreichung der eigenen Ziele nutzen zu können. Letztlich sollte es hier jedoch um Selbstwirksamkeit in der Beziehung gehen: Das gemeinsame Aushandeln dieser Bereiche bietet einen klinischen Erfahrungs-, Lern- und Resonanzraum, welcher mit beiden Polaritäten seine volle Wirkung entfaltet. Eine gute Beziehungserfahrung kann heilsam sein und das Ausloten eigener Wünsche und Ziele erst ermöglichen. Dazu fungiert der Therapeut idealerweise als „sichere Basis" im Sinne der Bindungstheorie (Bowlby, 1988; Dinger, 2016). So ermöglicht er dem Patienten nicht nur, während der Therapie seine eigene Welt zu erkunden, sondern unterstützt ihn auch außerhalb dabei, wie die Wittgenstein'sche Fliege (wieder) alleine fliegen zu lernen.

### Literatur
American Psychiatric Association. (2013). *Diagnostic and statistical manual of mental disorders* (5. Aufl.). Washington, DC: Author.
Barlow, D.H., Allen, L.B. & Choate, M.L. (2016). Toward a unified treatment for emotional disorders. *Behavior therapy*, 47 (6), 838–853.
Blatt, S.J. & American Psychological Association. (2004). *Experiences of depression: theoretical, clinical, and research perspectives*. Washington, DC: American Psychological Association.
Bowlby, J. (1988). *A secure base: Parent-child attachment and healthy human development*. New York: Basic Books.

Carr, A. (2018). Family therapy and systemic interventions for child-focused problems: the current evidence base. *Journal of Family Therapy, 41* (2), 153-213.

Constantino, M. J., Vîslă, A., Coyne, A. E. & Boswell, J. F. (2018). A meta-analysis of the association between patients' early treatment outcome expectation and their posttreatment outcomes. *Psychotherapy, 55* (4), 473-485.

Dinger, U. (2016). Bedeutung von Bindungsaspekten im Therapieprozess. In B. Strauß & H. Schauenburg (Hrsg.), *Bindung in Psychologie und Medizin. Grundlagen, Klinik und Forschung – ein Handbuch* (S. 270-282). Stuttgart: Kohlhammer.

Dinger, U. (2018). Die Person des Psychotherapeuten. In A. Gumz & S. Hörz-Sagstetter (Hrsg.), *Psychodynamische Psychotherapie in der Praxis* (S. 148-158). Weinheim: Beltz.

Dinger, U., Strack, M., Leichsenring, F., Wilmers, F. & Schauenburg, H. (2008). Therapist effects on outcome and alliance in inpatient psychotherapy. *Journal of clinical psychology, 64* (3), 344-354.

Flückiger, C., Del Re, A. C., Wampold, B. E. & Horvath, A. O. (2018). The alliance in adult psychotherapy: A meta-analytic synthesis. *Psychotherapy, 55* (4), 316-340.

Friederich, H., Wild, B., Zipfel, S., Schauenburg, H. & Herzog, W. (2019). *Anorexia Nervosa – Focal Psychodynamic Psychotherapy*. Göttingen: Hogrefe.

Hartmann, M., Bäzner, E., Wild, B., Eisler, I. & Herzog, W. (2010). Effects of interventions involving the family in the treatment of adult patients with chronic physical diseases: a meta-analysis. *Psychotherapy and Psychosomatics, 79* (3), 136-148.

Hessel, A., Geyer, M., Weidner, K. & Brähler, E. (2006). Subjektive Einschätzung der eigenen Gesundheit und gesundheitsrelevantes Verhalten bei niedergelassenen Psychologischen Psychotherapeuten. *Psychotherapeut, 51* (4), 290-299.

Horowitz, L. M. (2004). *Interpersonal foundations of psychopathology*. Washington, DC: American Psychological Association.

Huber, J., Nikendei, C., Ehrenthal, J. C., Schauenburg, H., Mander, J. & Dinger, U. (2018). Therapeutic Agency Inventory: Development and psychometric validation of a patient self-report. *Psychotherapy Research, 3*, 1-16.

Knox, S. Butler, M. C., Kaiser, D. J., Knowlton, G. & Hill, C. E. (2017). Something to laugh about. In L. G. Castonguay & C. E. Hill (Hrsg.), *How and why are some therapists better than others? Understanding therapist effects* (pp. 285-305). Washington, DC: American Psychological Association.

Koole, S. L. & Tschacher, W. (2018). Synchrony in psychotherapy: A review and an integrative framework for the therapeutic alliance. *Frontiers in Psychology, 7*, 862.

Kramer, U. & Stiles, W. B. (2015). The responsiveness problem in psychotherapy: A review of proposed solutions. *Clinical Psychology: Science and Practice, 22* (3), 277-295.

Leichsenring, F. & Schauenburg, H. (2014). Empirically supported methods of short-term psychodynamic therapy in depression – Towards an evidence-based unified protocol. *Journal of Affective Disorders, 169*, 128-143.

McCarthy, K. S., Keefe, J. R. & Barber, J. P. (2016). Goldilocks on the couch: Moderate levels of psychodynamic and process-experiential technique predict outcome in psychodynamic therapy. *Psychotherapy Research, 26* (3), 307-317.

Orlinsky, D. E. & Rønnestad, M. H. (2005). *How psychotherapists develop: A study of therapeutic work and professional growth*. Washington, DC: American Psychological Association.

Orlinsky, D.E., Ronnestad, M.H. & Willutzki, U. (2004). Fifty years of psychotherapy process-outcome research: Continuity and change. In M.J. Lambert (Ed.), *Bergin and Garfield's Handbook of Psychotherapy and Behavior Change* (5. ed., pp. 307-390). Hoboken, NJ: Wiley.

Ramseyer, F. & Tschacher, W. (2014). Nonverbal synchrony of head-and-body-movement in psychotherapy: different signals have different associations with outcome. *Frontiers in psychology*, 5, 979.

Reimer, C., Jurkat, H.B., Vetter, A. & Raskin, K. (2005). Lebensqualität von ärztlichen und psychologischen Psychotherapeuten. *Psychotherapeut*, 50 (2), 107-114.

Sharf, J., Primavera, L.H. & Diener, M.J. (2011). Dropout and therapeutic alliance: a meta-analysis of adult individual psychotherapy. *Psychotherapy*, 47, 637-645.

Webb, C.A., DeRubeis, R.J. & Barber, J.P. (2010). Therapist adherence/competence and treatment outcome: a meta-analytic review. *Journal of consulting and clinical psychology*, 78 (2), 200-211.

Whiteford, H.A., Harris, M.G., McKeon, G., Baxter, A., Pennell, C., Barendregt, J.J. & Wang, J. (2013). Estimating remission from untreated major depression: a systematic review and meta-analysis. *Psychological medicine*, 43 (8), 1569-1585.

Zilcha-Mano, S. (2017). Is the alliance really therapeutic? Revisiting this question in light of recent methodological advances. *American Psychologist*, 72 (4), 311-325.

# 3 Nachdenken über Psychotherapie

*Annette Kämmerer*

Die intensive und fruchtbare wissenschaftliche Weiterentwicklung der Psychotherapie in den vergangenen Jahrzehnten hat zu einer großen Methodenvielfalt geführt, die es ermöglicht, die vielfältigen Probleme von Menschen unterschiedlichen Alters und unterschiedlicher Herkunft psychotherapeutisch zu behandeln. Beispielsweise bietet die kognitive Verhaltenstherapie eine umfängliche Palette an therapeutischen Strategien an, mithilfe derer wir bei verschiedenen Störungsbildern mit angemessenen Bewältigungsvorschlägen reagieren können (Margraf & Schneider, 2018). Wir können einzeltherapeutisch, gruppentherapeutisch, störungsorientiert, beziehungsorientiert, manualisiert, systemorientiert, schematherapeutisch, achtsamkeitsbasiert, ressourcenorientiert und nun auch noch per Videokonferenz arbeiten. An der Vielzahl der aufgelisteten Möglichkeiten zeigt sich, dass wir immer mehr von einer Schulenorientierung wegkommen und sich die Psychotherapie stark in eine integrative Richtung bewegt, bei der nach differenzieller Indikation gesucht wird, d. h. nach der jeweils am besten geeigneten Methode, um einem Menschen mit seinem Anliegen therapeutische Unterstützung zu gewähren.

Mit der Differenziertheit der therapeutischen Strategien korrespondiert eine Vielfalt an psychologischem Wissen zur Ätiologie psychischer Störungen. Wir können als Psychotherapeuten auf störungsübergreifende Theorien und Konzepte (Grawe, 2004) ebenso zurückgreifen wie auf störungsspezifische Ansätze, die uns die Vielschichtigkeit psychischer Befindlichkeiten verstehbar machen. Leitlinien zur angemessenen therapeutischen Behandlung psychischer Störungen bieten eine Richtschnur für das eigene psychotherapeutische Arbeiten (z. B. de Jong-Meyer, Hautzinger, Kühner & Schramm, 2007).

Der Professionalisierungsprozess in der Verhaltenstherapie (VT) ist demnach weit gediehen; längst vorbei sind die Zeiten, in denen mit wenigen Methoden – etwa operantes Konditionieren oder systematische Desensibilisierung – viele verschiedene Störungsbilder behandelt worden sind. Allerdings sind immer wieder auch Zweifel laut geworden, die die Tauglichkeit der vielfältigen wissenschaftlich gewonnenen Erkenntnisse für die psychotherapeutische Alltagsarbeit, die Anwendung in der konkreten Praxisarbeit, thematisiert haben (Kordy, 1995; Wachtel, 2018). Als Begründung für diese Zweifel wurde und wird gerne der Zeit- und Arbeitsdruck herangezogen, dem praktisch arbeitende Kolleginnen und Kollegen ausgesetzt seien; auch könne man in der Praxisarbeit nicht alle Strömungen in der Entwicklung verhaltenstherapeutischer Techniken nachvollziehen, dazu fehle einfach die Zeit. Und nicht selten werden auch Merkmale der Patienten genannt – etwa intellektuelle Einschränkungen oder motivationale Hindernisse, die eine differenzierte therapeutische Arbeit verhindern. In der Folge kommt es nicht selten auf Seiten der Forscherinnen und Forscher zu dem Vorwurf, dass die in der Praxis tätigen Psychotherapeuten die wissenschaftlichen Erkenntnisse nicht rezipierten und andersherum, dass die wissenschaftlichen Erkenntnisse quasi unter „Laborbedingungen" gewonnen wurden, die auf die Alltagsarbeit nicht wirklich übertragbar seien.

Darüber hinaus, und das wird das Thema dieses Beitrags sein, gibt es Aspekte der therapeutischen Arbeit, die wenig oder gar nicht im professionellen Diskurs erörtert werden, gleichwohl aber den Alltag der Psychotherapeutinnen und Psychotherapeuten tangieren. Es sind Fragen nach dem verhaltenstherapeutischen Menschenbild und dessen gesellschaftlicher Wandlung in den letzten Jahren und Jahrzehnten; in der eingangs erwähnten Methodenvielfalt, ja Methodenexplosion, spiegelt sich diese Veränderung. Es geht aber auch um Veränderungen in den Störungsbildern, die sich nicht immer in den Klassifikationssystemen widerspiegeln; bestes Beispiel ist sicherlich die Burn-out-Symptomatik, die für viele Menschen Anlass ist, eine Therapie aufzusuchen. Und es geht um eine veränderte Akzeptanz von Psychotherapie, die dazu führt, dass diese entstigmatisiert wird und somit die Frage nach der Indikation und der Dauer von Therapie stärker in den Mittelpunkt therapeutisch notwendiger Entscheidungen rückt.

## 3.1
## Psychotherapie und die Menschenwürde

Es gehört zum Grundverständnis psychotherapeutischen Handelns, die Würde des Menschen in besonderer Weise zu achten. Der Einsatz für jene, die aufgrund einer psychischen Belastung nicht mehr ausreichend in der Lage sind, ein glückliches und erfülltes Leben zu führen, stand gewissermaßen am Anfang aller psychotherapeutischen Entwicklung. Den Leidensdruck zu minimieren und einem Individuum die Möglichkeit zu geben, die eigene Persönlichkeit zu entfalten, ist nahezu unhinterfragter Grundkonsens bei Psychotherapeuten. Es lohnt sich allerdings, etwas genauer hinzuschauen und zunächst einmal zu fragen, was sich hinter dem Begriff der Menschenwürde eigentlich verbirgt. Was ist das, die Würde des Menschen?

Erst zu Beginn des 20. Jahrhunderts taucht die Menschenwürde als Begriff in politischen Texten auf. Nach dem zweiten Weltkrieg, nämlich 1948, wird sie in der allgemeinen Menschenrechtserklärung der Vereinten Nationen erwähnt und findet dann ein Jahr später Eingang in das Grundgesetz der gerade gegründeten Bundesrepublik Deutschland, indem es in Artikel 1 heißt: „Die Würde des Menschen ist unantastbar. Sie zu achten und zu schützen ist Verpflichtung aller staatlichen Gewalt."

Aber diese Verwendung des Begriffs der Menschenwürde klärt noch nicht, was damit eigentlich gemeint ist. Betrachtet man daher die Begriffsgeschichte genauer, stößt man auf zwei unterscheidbare Konzeptualisierungen der Würde: Einmal ist die Rede von „Mitgift-Konzeptionen" der Würde und ein anderes Mal von „Leistungs-Konzeptionen" (Stoecker, 2014, S. 20).

Mitgift-Konzeptionen verstehen die Würde vor allem religiös: Sie ist etwas dem Menschen von Gott Gegebenes, jeder Mensch hat sie von Geburt aus, sie ist konstitutiv für das Humane. Bedenklich bei diesem Verständnis von Würde ist die Verknüpfung mit der christlichen Theologie; Menschenwürde wird dadurch als ein göttlicher Gnadenakt verstanden, dessen wir uns immer wieder *würdig* erweisen müssen. Eine ethische Begründung der Menschenwürde sollte sinnvollerweise aber nicht abhängig sein von religiösen Überzeugungen, sondern der Mensch sollte um seiner selbst gewürdigt werden und nicht nur aus Achtung vor Gott.

Diesen Anspruch können die sog. Leistungs-Konzeptionen der Menschenwürde (Stoecker, 2014) einlösen. Diese haben gemeinsam, dass die Würde eines Menschen an sein Handeln gebunden ist, das vor allem dem Gebot der Vernunft folgen sollte – wie insbesondere bei Immanuel Kant (1965) nachzulesen ist. Dieser betont, dass das Handeln gemäß der Vernunft zu Autonomie führt, die wiederum der eigentliche Grund der Würde des Menschen sei. Für Kant ist das Vernünftige absolut allgemeingültig, denn jede vernünftige Überlegung oder Entscheidung gilt, wenn sie richtig ist, für jedermann gleichermaßen. Mit dieser Konzeption von Menschenwürde wird nun nicht mehr die Gottesebenbildlichkeit betont, sondern Autonomie und Freiheit werden zu ihren definitorischen Bestimmungsstücken.

Aber es bleiben Fragen offen. Gibt es nicht auch Menschen, die nicht vernunftfähig und autonom sind, beispielsweise gerade jene, die psychotherapeutische Hilfe in Anspruch nehmen? Reicht es, zu argumentieren, dass die Psychotherapie diese Vernunftfähigkeit und Autonomie (wieder) herzustellen in der Lage sei und deshalb für sich reklamieren könne, die Menschenwürde zu garantieren?

Die Frage ist meines Erachtens leichter zu beantworten, wenn eine ergänzende Definition von Menschenwürde hinzugezogen wird, die der israelische Philosoph Avishai Margalit in seinem Buch „Politik der Würde – Über Achtung und Verachtung" (Margalit, 2012) herausgearbeitet hat. Er beleuchtet nicht nur die individuelle Bedingtheit von Menschenwürde, sondern thematisiert zusätzlich die sozialen und gesellschaftlichen Gegebenheiten, die Menschenwürde überhaupt erst möglich machen. Im Vordergrund seiner Überlegungen steht die Frage, wie eine, wie er es nennt, „anständige Gesellschaft" beschaffen sein muss, und er konstatiert, dass in einer derartigen Gesellschaft Menschen weder von den gesellschaftlichen Institutionen noch untereinander gedemütigt werden (Margalit, 2012). Dabei definiert er Demütigung als alle „Verhaltensformen und Verhältnisse, die einer Person einen rationalen Grund geben, sich in ihrer Selbstachtung verletzt zu sehen" (a.a.O., S. 21). Selbstachtung ist für ihn gleichbedeutend mit Würde, wobei er die Würde als die Verkörperung, die Sichtbarmachung der Selbstachtung versteht, denn sie zeigt den äußeren Aspekt der Selbstachtung: „Selbstachtung ist jene Haltung, die Menschen ihrem eigenen Menschsein gegenüber einnehmen, und Würde ist die Summe aller Verhaltensweisen, die bezeugen, dass ein Mensch sich selbst tatsächlich achtet: Würde tritt dadurch zutage, dass Menschen sich würdevoll verhalten, also auf eine Weise, welche die Selbstachtung zum Ausdruck bringt, die sie verspüren" (a.a.O., S. 61). Würde, so Margalit, ist demnach nicht nur Vernunft und Autonomie, sondern sie ist darüber hinaus Selbstachtung und diese zu ermöglichen ist unter anderem die Aufgabe gesellschaftlicher Systeme. Die Psychotherapie ist ein solches System.

Die Erfahrung von Vernunft- und Autonomieverlust und vor allem von verloren gegangener Selbstachtung kennen wir aus der psychotherapeutischen Arbeit, wir wissen, wie Instrumentalisierung, mangelnde Kontrollmöglichkeiten, soziales und emotionales Desinteresse Menschen schwächt. Im Fall einer psychischen Erkrankung übernimmt diese quasi das Ruder, sie „entscheidet", was geht und was nicht geht – Erfahrungen, die den betroffenen Menschen in Sinnkrisen stürzen und zum Verlust der Selbstachtung führen können. Die Freiheit des Handelns und Wollens wird im Zuge einer psychischen Beeinträchtigung immer weniger. Der betreffende Mensch verliert die Macht über sich selbst, und das hat zur Folge, dass er auch in den Augen der anderen nicht mehr so recht zählt (Stoecker, 2014, S. 22). Goffman (1963) macht uns darauf aufmerksam, wie stark die Würde eines Menschen an ein soziales Umfeld geknüpft ist, innerhalb dessen seine individuelle Identität gelebt und bewahrt werden kann.

Würde als Ausdruck der Selbstachtung eines Menschen impliziert demnach die Möglichkeit, die eigene Identität in einer sozialen Gemeinschaft zu leben. Das gelingt nur, so Luhmann (1965), wenn es einem Individuum möglich ist, sich selbst angemessen darzustellen, sich auszudrücken. Er zählt die Möglichkeit zur Selbstdarstellung zu den wichtigsten Schutzgegenständen unserer verfassungsrechtlichen Gegebenheiten, denn sie ermöglicht die Begegnung, die Kommunikation mit anderen Menschen. Und erst in dieser Kommunikation ist die Entwicklung und Entfaltung von Selbstdarstellung und in deren Folge der Identitätsbildung möglich.

Das verweist nicht zuletzt auf die Notwendigkeit einer angemessenen Kommunikation in der Psychotherapie: Hier finden sich Menschen, die in ihrer Identitätsbildung behindert worden sind, deren Würde durch vielfältige Lebenserfahrungen beeinträchtigt wurde. Psychotherapie, die würdevoll ist, muss also diesen identitätsbildenden Möglichkeiten breiten Raum geben. Das klingt möglicherweise selbstverständlich, ist es aber nicht unbedingt. Intransparentes therapeutisches

Handeln, Ziel- und Planlosigkeit im Therapieprozess, mangelndes Fachwissen, autoritäres Verhalten und vor allem Bloßstellung sind keineswegs unbekannte Größen in der Therapie und können schnell zu Beeinträchtigungen auf Seiten des Patienten führen, die den Charakter der Würdelosigkeit in sich bergen. Psychotherapie ist nicht per se eine Kommunikation auf Augenhöhe, auch wenn das immer wieder behauptet wird. Vielmehr ist sie zunächst strukturell durch Deutungshoheit gekennzeichnet: Sie hat den Anspruch, in einer leidvollen Situation für Menschen einen adäquaten, weil wissenschaftlich begründeten Ausweg zu finden. Insofern steht sie, allein durch die institutionellen Verankerungen, denen sie als System verpflichtet ist, durchaus in der Gefahr, die Selbstachtung eines Menschen zu beschädigen. Die Bandbreite ist groß und reicht von temporären Einbußen der Freiheit bei Zwangseinweisungen bis hin zu Sprachgewohnheiten, die das therapeutische Gespräch kennzeichnen. Alle diese Maßnahmen, so gut sie gemeint sind, können auf subtile oder auch direkte Art zu dem führen, wogegen sie eingesetzt werden, nämlich zu Demütigungen und somit zu Würdeverlust (Kämmerer, 2018).

## 3.2
## Das therapeutische Menschenbild

Die Realisierung von Menschenwürde ist eng verbunden mit dem Menschenbild, das der jeweiligen Therapietheorie zugrunde liegt. Für die Verhaltenstherapie galt und gilt die Idee des epistemologischen Subjekts (von Cranach, Kalbermatten, Indermühle & Gugler, 1980; Kuhl, 2001), d.h. des Menschen, der rational und zielgerichtet handelt, Motivation zur Zielerreichung entwickelt und schließlich die Ziele realisiert, indem er sich angemessene Mittel zur Zielerreichung aneignet und in einer sich wandelnden Innen- und Außenwelt prozessbegleitend überprüft. In den vorab erwähnten „Leistungskonzeptionen" von Menschenwürde ist dieses Menschenbild begründet.

Zu betonen ist allerdings, dass hierbei der Einzelne vorwiegend in seinen rationalen, kognitiven Facetten abgebildet wird, während das Irrationale, Unbewusste, Intuitive des Menschen ausgeblendet bleibt. Wird dieses Menschenbild zur Zielidee des therapeutischen Arbeitens, so ist es die erwachsene, kognitiv und sozial kompetente Person, die extravertiert und emotionsreguliert das Leben meistert, welche als „normal" gilt und sich als Projektion im Kopf von Psychotherapeutinnen niederschlägt.

Aber was heißt eigentlich „normal"? Und welchen Wandlungen unterliegen Normalitätsvorstellungen? Es scheint unbestreitbar, dass zur Zeit Sigmund Freuds andere Normalitätsvorstellungen vorherrschend waren als heute. Der Umgang mit Gefühlen, mit Sexualität, mit weiblichen und männlichen Rollenvorstellungen ist dynamisch und verändert sich über die Zeit. Die Frage sei erlaubt, inwiefern das rationale Menschenbild der Verhaltenstherapie diesen dynamischen Veränderungen folgt.

Betrachtet man wiederum die Methodenvielfalt, so entsteht unweigerlich der Eindruck, dass dieses rationale Menschenbild in der Verhaltenstherapie eher ausgedient hat. Anders ist der Siegeszug achtsamkeitsbasierter, schemaorientierter Therapiemodelle nicht erklärbar. Vielleicht war in den 70er-Jahren des 20. Jahrhunderts, zur Entstehungszeit der kognitiven Verhaltenstherapie, die Welt noch überschaubar und Rationalität ein guter Lösungsansatz für anstehende Probleme. Heute sehen die Verhältnisse anders aus und Überschaubarkeit ist kein Kernmerkmal gegenwärtigen Welterlebens. Die Globalisierung, die Entwicklung des Internets und der digitalen Kommunikation haben Unüberschaubarkeit geschaffen. Verlagert sich daher das Emotionale, das Spirituelle – Achtsamkeit entstand im spirituellen Kontext (Kabat-Zinn, 2018; Freund, 2018) – in die Psychotherapie? Sie stand ja schon häufiger im Geruch einer esoterischen Scheinwelt, in der sich Menschen vor allem selbst verwirklichen und am gesellschaftlichen Ganzen das Interesse verlieren. Während diese (esoterischen) therapeutischen Gruppierungen in der Vergangenheit eine Minderheit darstellten, gewinnt die Orientierung an Selbstfürsorge und Selbstverwirklichung, an Individualismus und der Konzentration auf die eigene Person in der gegenwärtigen VT Entwicklung eher die Oberhand. „Self-compassion" ist ein aktuelles Stichwort in der modernen therapeutischen Diskussion (Inwood & Ferrari, 2018). Mir stellt sich die Frage: Welche Rolle nimmt die Psychotherapie darin ein? Welches Menschenbild entwickelt sich da? Fördert solche Orientierung nicht den Narzissmus, der doch unter Umständen Anlass für das Aufsuchen einer Psychotherapie war? Kann eine solche therapeutische Orientierung die Autonomie des Menschen, jene Selbstachtung, die – wie ich zu zeigen versucht habe – so zentral für die Menschenwürde ist, wirklich fördern? Erschöpft sie sich nicht vielmehr in Egoismen?

Aber vielleicht reagiert sie nur auf eine gesellschaftliche Entwicklung, die ein verändertes Selbsterleben, einen veränderten Umgang mit persönlichem Leid widerspiegelt.

## 3.3
## Leidensdruck und Psychotherapie

Bei den krankheitsbedingten Fehlzeiten am Arbeitsplatz gehören die psychischen Störungen, insbesondere die affektiven Erkrankungen und die Angststörungen, gegenwärtig zu den zweithäufigsten Ursachen[12]. Es stellt sich angesichts dieser Zah-

---

12 www.dak.de/dak/bundes-themen/psychische-erkrankungen-hoechststand-bei-ausfalltagen-1873100.html

len natürlich unweigerlich die Frage, was Menschen in einem wachsenden Ausmaß psychisch so stark schwächt bzw. krank macht, dass ihre Teilhabe am Arbeitsleben verunmöglicht wird.

Zur Definition einer psychischen Störung gehört laut diagnostischen Klassifikationssystemen (ICD-10, Dilling, Mombaur & Schmidt, 1994; DSM-V, Falkai & Wittchen, 2018), dass das seelische Befinden – sei es eine Angststörung, eine Depression oder eine andere psychische Beeinträchtigung – ein hohes Ausmaß an Leidensdruck erzeugt, d.h. von der betreffenden Person als stark belastend, das eigene Leben und seine Möglichkeiten einschränkend erlebt wird. Die Formulierung im DSM-Klassifikationssystem ist für alle Störungen in etwa gleich und lautet: „Die Symptome verursachen in klinisch bedeutsamer Weise Leiden oder Beeinträchtigungen in sozialen, beruflichen und anderen wichtigen Funktionsbereichen" (DSM-V, Falkai & Wittchen, 2018); das ICD-System ist etwas vager, formuliert vorsichtiger: „Die Betroffenen leiden ..." (ICD-10, Dilling et al., 1994).

Mir stellt sich angesichts der erhöhten Prävalenz von psychischen Störungen und den damit einhergehenden Krankschreibungen die Frage, ob es – neben anderen Gründen – ein verändertes Erleben von Leidensdruck in unserer Gegenwartsgesellschaft gibt. Der Individualismus gegenwärtiger westlicher Gesellschaften führt für viele Menschen zu Verunsicherung, zu Angst vor Versagen, vor sozialem Abstieg, vor der gesellschaftlichen Degradierung, die umso bedeutsamer wird, je stärker Erfolg und Leistungsvermögen vom Einzelnen verabsolutiert werden (Bude, 2014; Kämmerer, 2016).

Komplexität und Vielschichtigkeit der Lebenswelten nehmen zu, es sind in der Gegenwart Herausforderungen zu meistern, die etwa für die vorhergehende Generation noch gar nicht existierten, zum Beispiel die Virtualisierung des Alltags oder auch die Globalisierung. Somit gibt es auch kaum Vorbilder, zum Beispiel in der Familie, an deren Bewältigungsstrategien sich der Einzelne orientieren könnte und die Hilfestellung in unüberschaubaren seelischen Konstellationen geben könnten. Wie Albert Bandura (1991; Theobald, 2015) vor fast dreißig Jahren schon zeigen konnte, ist das Modelllernen eine der wirksamsten Strategien zum Erwerb von Verhalten und Handeln und wenn es an Modellen mangelt, kann die Unsicherheit für den Einzelnen in belastenden und komplexen Situationen schnell anwachsen und die individuelle Kompetenz übersteigen. Es kann die Vereinzelung auf die Spitze getrieben werden und seelische Krisen sind die Folge, die sich in psychischen Erkrankungen und dem damit einhergehenden Leidensdruck niederschlagen.

Wachsender Leidensdruck als Folge von Vereinzelung, Leistungsanspruch, vielleicht auch mangelnder Frustrationstoleranz, Überforderung durch stetig komplexere Problemkonstellationen etc. ist aber nur ein Argumentationsstrang, den es zu erörtern gilt. Ein anderer ist die Frage, ob und wenn ja inwiefern die Psychotherapie selbst ihren Beitrag zur Erhöhung der Prävalenz psychischer Erkrankungen leistet.

Jetzt könnte man einwenden, dass diese Überlegung sinnlos sei, denn es sei ja nicht die Psychotherapie, die Menschen seelisch krank macht. Das stimmt. Aber sie ist ein System, das Hilfe in seelischen Notsituationen anbietet und dem betroffenen Einzelnen die Möglichkeit der Linderung verspricht. Wie in anderen sozialen und ökonomischen Verhältnissen des Warentauschs stehen auch in diesem Lebensbereich Angebot und Nachfrage in einem Wechselspiel. Ist also, das wäre die zugespitzte Frage, der Leidensdruck, der sich in der erhöhten Prävalenz psychischer Störungen niederschlägt, die notwendige Voraussetzung, um eine Teilhabe am „System Psychotherapie" zu gewährleisten? Schafft sich somit die Psychotherapie die Störungen, die sie braucht, um auf dem Sektor der Gesundheitsversorgung zu bestehen?

> **Fallbeispiel**
> Frau A. ist 70 Jahre alt, sie ist verheiratet und hat mit ihrem Mann eine Tochter, die beruflich erfolgreich ist und ihr eigenes Leben lebt. Auch Frau A. war als Juristin sehr erfolgreich und ist nach wie vor in ihrem beruflichen Umfeld als Ratgeberin gefragt.
> Frau A. hatte als Pubertierende starke Angstsymptome und begann mit 16 Jahren eine psychotherapeutische Behandlung. Die Angstsymptome wichen einer depressiven Störung und seither ist sie immer in einer Psychotherapie geblieben, obgleich die depressiven Symptome verschwanden und Frau A. ihr Leben gut leben konnte.
> Über all die Jahre hinweg hat es immer Psychotherapeutinnen und Psychotherapeuten gegeben, die sich ihrer angenommen haben. Der letzte Psychotherapeut, bei dem sie lange in Behandlung war, hat aus Altersgründen seine Praxis aufgegeben und Frau A. wird auf Anraten ihres behandelnden Psychiaters zu mir geschickt. Ich lerne im Erstgespräch eine Frau kennen, für die die Psychotherapie zum Leben dazugehört und die sie aufsucht wie mancher den regelmäßig notwendigen Gang zum Zahnarzt oder zur Grippeimpfung.

Hier stellt sich – das sollte das Fallbeispiel verdeutlichen – die Frage nach der Indikation zur Therapie. Diese Frage ist nicht nur eine, die in der Psychotherapietheorie als differenzielle Indikation behandelt wird und das Ziel hat, das Anliegen des Patienten und die bestmögliche Behandlung in einen optimalen Passungsrahmen zu bringen (Casper & Jacobi, 2007). Sie ist auch eine, die im praktisch-pragmatischen Alltagshandeln von Psychotherapeuten angesiedelt ist.

Es gehört in meinen Augen zu den Tabuthemen der psychotherapeutischen Alltagspraxis, dass Fragen der Indikation in aller Regel pragmatisch gelöst werden, nämlich in erster Linie anhand der vorhandenen freien Plätze. Ist ein Ratsuchender als Patient aufgenommen, wird ihm, davon bin ich überzeugt, in den meisten Fällen ein therapeutisches Angebot unterbreitet, das den therapeutischen Leitlinien (siehe oben) entspricht. Nur die Frage, ob dieser betreffende Mensch überhaupt, und wenn ja, wie viel Psychotherapie benötigt, die bleibt oft unbeantwortet.

Das liegt einerseits an den strukturellen Bedingungen des Angebots von (ambulanter) Psychotherapie, die allermeist in Einzelpraxen durchgeführt wird und die Existenz der Psychotherapeutinnen sichern muss. Auch der stationäre Kontext ist von diesem zuweilen saloppen Umgang mit psychotherapeutischer Hilfe nicht unberührt, denn ein relatives Überangebot an (Psychosomatischen) Kliniken, der Druck der Bettenbelegung und allgemein die finanziellen Notwendigkeiten im Gesundheitssystem können zu einem Zuviel an Psychotherapie beitragen.

Es liegt andererseits aber auch an der steigenden Nachfrage nach psychotherapeutischer Behandlung und dem bereits erwähnten „Leidensdruck" und dessen Veränderung. Alles zusammen führt zu einem immensen Bedarf an Psychotherapie, wie die langen Wartezeiten auf einen Therapieplatz belegen. Ist daher wirklich von einem „Zuviel" an Psychotherapie zu sprechen? Das ist ein heikles Thema, denn es gibt ja die seelische Not, es gibt die steigende Prävalenz psychischer Erkrankungen (siehe oben), die Fehlzeiten am Arbeitsplatz.

Die zunehmende Akzeptanz von Psychotherapie als einer Möglichkeit der Behandlung hat aber auch Nebenwirkungen. Zum Beispiel die, dass in der Gegenwartsgesellschaft der Psychotherapie viele Funktionen zugesprochen werden, die in der Vergangenheit auf mehrere Institutionen verteilt waren. Zum Beispiel auf die Familie, die – weil in aller Regel größer – vielfältigere Möglichkeiten der Bewältigung von seelischen Krisen bereithielt, als es heute in Familien möglich ist. Oder auch die Kirche, die als „Seelsorgerin" stärker in Erscheinung trat, als es in der säkularisierten Gegenwart möglich ist. Die Psychotherapie entwickelt sich vor diesem Hintergrund schnell zu einer „seelischen Feuerwehr", die dann zum Einsatz kommt, wenn andere Möglichkeiten versagt haben. Und das kann eben auch bedeuten, dass jemand zum Patienten wird, obgleich nicht er das Problem ist, sondern die strukturellen Verhältnisse (Arbeit, Umwelt etc.) in den Fokus von Veränderungen zu nehmen wären.

## 3.4
## Warum also Psychotherapie?

Ich habe versucht, einige der kritischen Punkte aufzuzeigen, die das psychotherapeutische Arbeiten begleiten. Mein abschließendes Plädoyer ist dennoch eines, das sich vehement für die Psychotherapie ins Zeug legt. In der Begegnung des Menschen „Patient" und des Menschen „Psychotherapeut" realisiert sich – nicht immer, aber doch recht oft – eine Intensität des Humanen, eine Begegnung voller Ernsthaftigkeit und Tiefe, die einzigartig ist. Akzeptanz, Wertschätzung, Ruhe, Ausdauer, Freundlichkeit, Engagement sind die Prozessmerkmale des psychotherapeutischen Arbeitens. Lösungen in schwierigen Lebenssituationen zu entwickeln, Menschen zu unterstützen, Ideen zu generieren und zu merken, wie sich die Traurigkeit verliert, die Ängstlichkeit verschwindet, der narzisstische Egoismus für Empathie Platz macht, das sind beeindruckende und berührende Erfahrungen in diesem Beruf.

## Literatur

Bandura, A. (1991). Social cognitive theory of self-regulation. *Organizational Behavior and Human Decision Processes*, 50, 248–287.

Bude H. (2014). *Gesellschaft der Angst*. Hamburg: Hamburger Edition.

Caspar, F & Jacobi, F. (2007): Psychotherapieforschung. In W. Hiller, E. Leibing, F. Leichsenring & S. Sulz (Hrsg.), *Lehrbuch der Psychotherapie. Band 1: Wissenschaftliche Grundlagen der Psychotherapie* (4. Aufl., S. 395–410). München: CIP-Medien.

De Jong-Meyer, R., Hautzinger, M., Kühner, C. & Schramm, E. (2007). *Evidenzbasiere Leitlinie zur Behandlung Affektiver Störungen*. Göttingen: Hogrefe.

Dilling, H., Mombaur, W. & Schmidt, M. (2008). *Internationale Klassifikation psychischer Störungen*. Göttingen: Hogrefe.

Falkai, P. & Wittchen, H.-U. (2018). *Diagnostisches und Statistisches Manual Psychischer Störungen DSM-5*. Göttingen: Hogrefe.

Freund, H. (2018). Religion und Spiritualität in der Psychotherapie. In H. Bents & A. Kämmerer (Hg.), *Psychotherapie und Würde* (S. 91–104). Heidelberg: Springer.

Goffman, E. (1963). *Stigma; notes on the management of spoiled identity*. Englewood Cliffs: Prentice-Hall.

Grawe, K. (2004). *Neuropsychotherapie*. Göttingen: Hogrefe.

Inwood, A. & Ferrari, M. (2018). *Mechanisms of change in the relationship between self-compassion, emotion regulation, and mental health: a systematic review*. Applied Psychology: Health and Well-Being, https://doi.org/10.1111/aphw.12127

Kabat-Zinn, J. (2018). *Meditation is not what you think. Mindfulness and why it is so important*. London: Piatkus.

Kämmerer, A. (2016). Über das Scheitern. *Psychotherapie im Dialog, 2*, 86–89.

Kämmerer, A. (2018). „Bei meiner Ehre ..." – Zum Nutzen des Ehrbegriffs für die Psychotherapie. In H. Bents & A, Kämmerer (Hrsg*.), Psychotherapie und Würde* (S. 8–19). Heidelberg: Springer.

Kant, I. (1965). *Grundlegung zur Metaphysik der Sitten*. (3. Aufl.). Hamburg: Meiner.

Kordy, H. (1995). Does psychotherapy research answer the questions of practitioners, and should it? *Psychotherapy Research,* 5 (2), 128–130.

Kuhl, J. (2001). *Motivation und Persönlichkeit*. Göttingen: Hogrefe.

Luhmann, N. (1965). *Grundrechte als Institution*. Berlin: Duncker & Humblot.

Margalit, A. (2012). *Politik der Würde. Über Achtung und Verachtung*. Frankfurt: Suhrkamp

Margraf, J. & Schneider, S. (Eds.). (2018). *Lehrbuch der Verhaltenstherapie. Band 1: Grundlagen, Diagnostik, Verfahren und Rahmenbedingungen psychologischer Therapie* (S. 299–311). Berlin: Springer.

Stoecker, R. (2014). Philosophie der Menschenwürde und die Ethik der Psychiatrie. *Psychiatrische Praxis, 41, Suppl. 1,* 19–25.

Theobald, M. (2015). *Die sozial-kognitive Lerntheorie Albert Banduras: Wie funktioniert das Lernen am Modell?* München: GRIN Verlag, https://www.grin.com/document/350746

Von Cranach, M., Kalbermatten, U., Indermühle, K. & Gugler, B. (1980). *Zielgerichtetes Handeln*. Bern: Huber.

Wachtel, P. (2018). Pathways to progress for integrative psychotherapy: Perspectives on practice and research. *Journal of Psychotherapy Integration, 28 (2),* 202–212.

# 4 Professionalisierung, Therapeutenbild und Herausforderungen – Nachdenken über Psychotherapeutinnen

*Christoph Flückiger*

Psychotherapeutinnen und Psychotherapeuten setzen sich für die Menschenwürde ihrer Patientinnen und Patienten ein. Psychotherapie ist eine „Begegnung voller Ernsthaftigkeit und Tiefe mit der Intensität des Humanen", wie im Beitrag von Annette Kämmerer „Menschenwürde, Normalität und Leidensdruck – Nachdenken über Psychotherapie" eindrücklich herausgearbeitet wurde. Wie von Kämmerer weiter darstellt, hat sich die Psychotherapiepraxis über Jahrzehnte dem Wissenschaftsdiskurs gestellt und ihre Professionalisierung intensiv vorangetrieben. Das Ziel des hier vorliegenden Textes ist es, die von Kämmerer aufgeworfenen Aspekte des Menschenbildes der Patienten auf weitere Richtungen hin zu diskutieren. Der Blick des Menschenbildes der Patienten soll nun auf das der Psychotherapeuten hingelenkt werden. In diesem Beitrag erwartet sie ein kurzer empirischer Abriss über die Professionalisierung des Psychotherapeutenberufs und die damit verbundene Neuorientierung des Therapeutenbildes in einem modernen biopsychosozialen Versorgungssystem. Der Text schließt mit aktuellen, empirisch hervorragend dokumentierten Herausforderungen und Dilemmas.

## 4.1 Professionalisierung

Seit ihren frühen Anfängen der Psychotherapie vor über 100 Jahren besteht die prominente Forderung, dass einzelne professionelle Psychotherapieansätze deutlich wirksamer seien als andere Psychotherapien. Diese Forderung greift zumeist auf eine von zwei Positionen der Professionalisierungsrhetorik zurück. Einerseits, dass neu entwickelte, innovative Interventionen immer besser würden und bestehende Psychotherapien veralteten (Professionalisierung als innovativer Fortschritt). Und dem gegenüber, dass neu entwickelte Verfahren dem langjährigen Erfahrungsschatz der bestehenden Psychotherapien nicht standhielten und weniger wirksam wären (Professionalisierung als langjähriger Erfahrungsschatz). In der empirischen Psychotherapieforschung besteht zudem eine dritte Position, welche eng mit der Entwicklung der ersten Metaanalyse zur Wirksamkeit von Psychotherapien in Zusammenhang steht: Durchschnittlich erstaunlich äquivalente Wirksamkeit der verschiedenen Psychotherapietraditionen!

Die Metaanalyse ist eine Forschungsmethode, die auf transparente und systematische Weise Forschungsergebnisse vieler Studien zusammenfasst. Sie untersucht die Frage, inwieweit sich einzelne Studienergebnisse auf eine Gesamtheit verallgemeinern lassen. Die erste Metaanalyse wurde vor über 40 Jahren von Glen Glass Ende der 80er-Jahre des 20. Jahrhunderts vorgestellt und zeigte auf, dass sich die Wirksamkeit der etablierten Psychotherapieschulen statistisch nicht bedeutsam voneinander unterscheidet. Die erste Metaanalyse regte zu vielen weiteren an; heute kommen jährlich duzende neuer Metaanalysen dazu. Auch die aktuellen Metaanalysen weisen darauf hin, dass die Wirksamkeitsunterschiede der etablierten Psychotherapieverfahren insgesamt als klein bis marginal bezeichnet werden können. Wirksamkeitsunterschiede über einem Prozent erklärter Varianz sind selten (Wampold, Imel & Flückiger, 2018). Selbstverständlich besteht innerhalb der Studien eine Spanne erfolgreicher und nicht erfolgreicher Therapien; diese Unterschiede lassen sich jedoch nur in einem kleinen Maß durch die Kontraste spezifischer Interventionen erklären.

Dies führte in der Folge zur Untersuchung eines weiteren prominenten Arguments der professionellen Psychotherapie: Die Wirksamkeit einer spezifischen Psychotherapie ist nachhaltiger gegenüber anderen Psychotherapien. Das heißt, Psychotherapieform A zeigt insbesondere bessere Wirksamkeit in den Follow-up-Daten als Therapie B (üblicherweise 6, 12 oder 24 Monaten nach Ende der Therapie). Diese Art der nachhaltigeren Wirksamkeit wird „Schläfereffekt" genannt (Abbildung 4-1).

Der Schläfereffekt wurde interessanterweise von fast allen etablierten Psychotherapien aufgegriffen, jedoch mit unterschiedlichen empirischen Hypothesen:

- *Die Tiefe psychodynamischer Therapien.* Nachhaltige, strukturelle Persönlichkeitsveränderungen verlangen eine profunde Bearbeitung der unbewussten Verarbeitungsanteile. Im Gegensatz zur (etwas oberflächlicheren) Verhaltenstherapie, arbeiten einsichtsorientierte, psychodynamische Therapien an tieferen seelischen Schichten und wirken deshalb nachhaltiger (z. B. Shedler, 2010).
- *Die Sorgfältigkeit evidenzbasierter Therapien.* Sorgfältig entwickelte Psychotherapien zumeist mit kognitiv-verhaltenstherapeutischem Hintergrund, setzen strukturiert präzises therapeutisches Wissen um. Deshalb sind sie, falls sie manualgetreu umgesetzt werden, nachhaltiger wirksam als weniger strukturierte Psychotherapien (Tolin, 2010).
- *Die Reichhaltigkeit zusätzlicher Komponenten.* Die Anreicherung von zusätzlichen Komponenten in bestehende Therapien führt zu breiteren Therapieansätzen, die

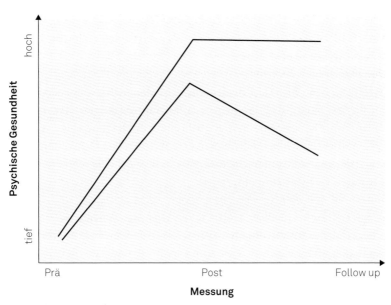

**Abbildung 4-1:** Schläfereffekt – Das Nachhaltigkeitsargument der besseren Psychotherapie

bei den Patienten zu breiterem Kompetenzzuwachs führen. Deshalb sind mit zusätzlichen Komponenten angereicherte Psychotherapien wirksamer als Standardtherapien (Bell, Marcus & Goodlad, 2013).
- *Exposition versus kognitive Umstrukturierung.* Auch innerhalb von Therapieschulen werden für die längerfristige Wirksamkeit unterschiedliche Positionen bezogen, wonach beispielsweise in der kognitiven Verhaltenstherapie eher die kognitiven Interventionen (Veränderung der Informationsverarbeitung) oder Expositionen (Veränderung der Vermeidungskomponenten) bei Angststörungen nachhaltiger wirksam seien (Moriana, Gálvez-Lara & Corpas, 2017).

Die vier prominenten Hypothesen zum Schläfereffekt wurden in den letzten Jahren in verschiedenen longitudinalen Metaanalysen untersucht. Diese Metaanalysen fassten die Ergebnisse aller Primärstudien zusammen, die eine der vier in der Praxis und Forschung immer wieder aufgestellten Hypothesen in einem direkten randomisiert-kontrollierten Gruppenvergleich untersuchten. Dabei war die sog. statistische Interaktion von Interesse, das heißt inwieweit die Wirksamkeitskontraste von Psychotherapie A versus Psychotherapie B zum Follow-up-Zeitpunkt größer werden als zum Postzeitpunkt (Abbildung 4-1).

Die vier (in hochkarätig publizierten Wissenschaftsjournals veröffentlichten) Metaanalysen zeigten folgende, erstaunlich einheitliche Resultate:

- *Psychodynamische vs. nicht-psychodynamische Therapien (20 Primärstudien):* Äquivalente Wirksamkeit zum Postzeitpunkt als auch zu den Follow-ups; kein Schläfereffekt (Kivlighan et al., 2015)
- *Evidenzbasierte Psychotherapie vs. übliche Behandlungen (Treatment as Usual, TAU) bei Angst und Depression (15 Primärstudien):* Moderate Wirksamkeitsunterschiede beim Postzeitpunkt, die sich in den Follow-ups deskriptiv verringerten. TAU beinhaltete ein heterogenes Feld von Minimalinterventionen bis zu professioneller Psychotherapie, wobei sich für die Letzteren über alle Messzeitpunkte hinweg geringe Wirksamkeitsunterschiede ergaben; kein Schläfereffekt (Flückiger, Del Re, Munder, Heer & Wampold, 2014).
- *Additive und übliche Komponenten vs. übliche Komponenten (30 Primärstudien):* Eine Re-Analyse von Bell et al. (2013) ergab geringe Wirksamkeitsunterschiede zugunsten der additiven Komponenten; kein Schläfereffekt (Flückiger, Del Re & Wampold, 2015).
- *Exposition versus kognitive Umstrukturierung bei Angststörungen (38 Primärstudien):* Keine bis geringe Wirksamkeitsunterschiede zugunsten der Expositionstherapien (Einzelsetting) und der kognitiven Umstrukturierung (Gruppensetting); kein Schläfereffekt (Podina, Visla, Fodor & Flückiger, 2019).

Während die einzelnen aufgeführten psychotherapeutischen Argumente einer nachvollziehbaren und in sich stringenten theoretischen Erklärungslogik folgen, zeigen die Metaanalysen ein erstaunlich konsistentes Bild: Bis jetzt besteht keine empirische Evidenz eines systematischen Schläfereffekts, und zwar in keinem der oben formulierten Kontraste. Vielleicht ertappen Sie sich nun selbst, dass Sie bei einem der vier Argumente ins Zögern geraten und vielleicht denken: „Ja, aber! Da kann doch etwas nicht stimmen; da wurde das zusätzliche Argument XY vernachlässigt!", während Sie sich möglicherweise bei einem anderen der vier Ergebnisse genüsslich zurücklehnen und denken: „Hab ich es doch schon immer gewusst!". Interessant ist, dass Sie möglicherweise nicht über die vier Hypothesen hinweg einheitlich kritisch oder unkritisch die (erstaunlich konstanten) Resultate betrachten, was dafür sprechen würde, dass wir alle eine Tendenz zu haben scheinen, unsere Hypothesen bestätigen zu wollen und es allfällige neue Informationen immer schwer haben, gegen die Ankerpunkte der alten Prämissen zu bestehen. Möglicherweise handelt es sich dabei um ein sozialpsychologisches Phänomen, das Jerome Bruner in seiner Hypothesentheorie der sozialen Wahrnehmung schon 1951 formulierte (Bruner & Postman, 1951).

Selbstverständlich sind die einzelnen Psychotherapien der Primärstudien unterschiedlich nachhaltig wirksam. Diese Unterschiede lassen sich jedoch nicht oder nur in einem sehr geringen Rahmen durch eine spezifische Intervention erklären. Unter methodischem Gesichtspunkt sind die Resultate nicht sonderlich erstaunlich, so werden beispielsweise in den Follow-up-Phasen oftmals zusätzliche Therapien begonnen und weitere Faktoren wie Ausfälle in den Datenerhebungen oder zentrale Lebensereignisse fließen in die Erhebungen mit ein – also alles methodische Faktoren, die es längerfristig schwieriger machen, mögliche Wirksamkeitsunterschiede über die Zeit hinweg zu retten.

Die Professionalisierung der Psychotherapie ist, wie von Kämmerer angesprochen, in den letzten Dekaden zügig vorangeschritten. Die empirische Datenlage zur Wirksamkeit der Psychotherapie hat sich sowohl in randomisiert-kontrollierten Studien als auch in der real existierenden Psychotherapiepraxis vervielfacht (Wampold et al., 2018). So haben sich beispielsweise Studien zur Erfolgsrelevanz der therapeutischen Beziehung in den letzten 30 Jahren von 21 Studien auf über 300 Studien *verfünfzehnfacht* (Flückiger, Del Re, Horvath & Wampold, 2018)! Die Professionalisierung hat jedoch zu etwas anderen Erkenntnissen geführt, als dies gegen Ende des Jahrtausends erwartet und erhofft wurde. Die psychotherapeutische Wirksamkeit lässt sich schwer durch den Kontrast verschiedener störungsspezifischer Interventionen im Rahmen von Psychotherapieschulen und -traditionen erklären. Wie weiter unten dargestellt wird, sind es möglicherweise fundamentale psychologische Faktoren, wie die Motivation der einzelnen Patienten, die Kollaboration zwischen Therapeutin und Patientin und die Bereitschaft des Therapeuten auf Feedback einzugehen, die das Zustandekommen therapeutischer Veränderungen mitbeeinflussen. Dies führte in der Folge zu einer wieder aufgenommenen Diskussion und neugewonnenem Selbstbewusstsein des Rollenverständnisses von Psychotherapeuten, deren Selbstständigkeit und Etablierung international in verschiedensten Gesundheitssystemen nach wie vor voll in Gange ist und nach wie vor heiß und kontrovers diskutiert wird.

## 4.2
## Therapeutenbild

Falls die verschiedenen psychotherapeutischen Ansätze längerfristig unerwartet konsistente Wirksamkeit vorhersagen, so stellt sich die Anschlussfrage, welche Faktoren im Professionalisierungsprozess der Psychotherapie eine zusätzliche wichtige Funktion innehaben könnten. Das Gesundheitsverständnis und daraus abgeleitet die Rolle der Gesundheitsberufe hat sich während der letzten dreihundert Jahre in modernen Gesellschaften dramatisch entwickelt (Selin & Shapiro, 2003). Diese schleichende, jedoch nicht minder radikale Entwicklung führte zu einer Koexistenz von drei prädominanten Therapeuten-Rahmenmodellen. Alle drei Modelle beruhen auf basalen Grundannahmen und beeinflussen die Argumentationslogik, wie die psychotherapeutische Wirksamkeit definiert werden soll und welche Funktionen den Psychotherapeuten zugeschrieben wird. Holzschnittartig lassen sich die drei Therapeutenbilder folgendermaßen beschreiben:

- *Das Therapeutenbild im Heilkräfte-Modell.* Das Heilkräfte-Modell (amerik. Healing Model) bietet eine kulturspezifische Gesamtkonzeption der (körperlichen und psychischen) Gesundheit, die religiöse, spirituelle, soziale und rechtliche Aspekte umfasst und sich in den jeweiligen Kulturen über hunderte von Jahren herausbildete. Das Modell umfasst die Verwendung kulturspezifischer Begriffe und Heilrituale, durchgeführt von kulturspezifisch privilegierten Heilern (Frank & Frank, 1991). Das Modell bietet ein holistisches Gesamtverständnis des gesunden Lebens, das von den leidenden Personen und den Heilern soziokulturell geteilt wird. Die soziale Rolle des Behandlers umfasst oftmals klar umgrenzte kulturspezifische Heilrituale verbunden mit sozialen und/oder gesundheitsförderlichen Aktivitäten (Wampold et al., 2018).
- *Das Therapeutenbild im biomedizinischen Modell.* Das biomedizinische Modell ist die wohl koordinierteste und umfassendste Initiative zur Linderung körperlicher Krankheiten. Krankheiten werden als „objektiv" beobachtbare (vorzugsweise physische) Symptome definiert, welche kulturübergreifend beschrieben werden können. Das biomedizinische Modell beinhaltet eine stringent abgeleitete krankheitsspezifische Argumentationslogik, wo eine spezifische Krankheit durch eine krankheitsspezifische Behandlung mit einer spezifischen Dosierung zu einem krankheitsbezogenen Endergebnis führt (der sog. primäre Endpunkt). Innerhalb dieser Argumentationslogik sind die Einhaltung der Behandlungsadhärenz (die Frage inwieweit die Dauer oder das Behandlungsprotokoll einer Psychotherapie eingehalten wird) und die Kontrolle des Reinheitsgrades (Frage nach „ungepantschten", lege artis durchgeführten Interventionen) zentrale Leitannahmen, die eine störungsspezifische Argumentationslinie überhaupt erst ermöglichen. Behandlungsadhärenz und Reinheitsgrad sind somit grundsätzlich keine Fragestellungen, die nach einer detaillierten empirischen Prüfung verlangten, sondern basale Grundannahmen, die es dezidiert einzuhalten gilt (Wampold et al., 2018). Im biomedizinischen Modell werden psychologische, störungsübergreifende oder störungsunspezifische Effekte oftmals als allgemeine Faktoren konzeptualisiert, die teilweise sogar als „Störvariablen" eliminiert oder zumindest kontrolliert werden sollten, um die störungsspezifischen Mechanismen zu verstehen. Auch wenn psychologische Mechanismen nicht grundsätzlich negiert werden, so besteht der primäre Fokus in diesem Therapeutenbild in der möglichst lege artis durchgeführten „Verabreichung" von Interventionen. Weitere psychologische Wirkfaktoren werden im biomedizinischen Modell oftmals als allgemeine („common") Faktoren bezeichnet. Diese vorzugsweise für medikamentöse Behandlungen entwickelte Logik führte in der Psychotherapie nach wie vor zu etwas paradoxen Behandlungsempfehlungen. So wurde beispiels-

weise in den USA vor Kurzem die „Present-centered therapy" in die Liste der evidenzbasierten störungsspezifischen Behandlungen für Posttraumatische Belastungsstörung aufgenommen, obschon diese Behandlung explizit auf alle störungsspezifischen Interventionen verzichtet. Nicht verwunderlich, denn Present-centered therapy wurde bewusst als Kontrollgruppe entwickelt, um die störungsspezifischen Interventionen zu kontrastieren und ausschließlich allgemeine Wirkfaktoren umzusetzen (Frost, Laska & Wampold, 2014; siehe dazu auch www.div12.org[13]).

– *Das Therapeutenbild im biopsychosozialen Modell.* Das dritte Rahmenmodell ist das modernste, jedoch auch das am wenigsten etablierte. In den verschiedensten Gesellschaften entwickelten sich im Verlauf des 20. Jahrhunderts aufwändige staatlich geregelte Gesundheits- und Sozialversicherungssysteme zur Förderung der körperlichen, psychischen und sozialen Gesundheit. So verdeutlicht beispielsweise die von Kämmerer angesprochene WHO-Gesundheitsdefinition schon 1948, dass „Gesundheit als Zustand des körperlichen, geistigen und sozialen Wohlbefindens und nicht alleine das Fehlen von Krankheit und Gebrechen" definiert werden soll (WHO[14]). Im Gegensatz zum biomedizinischen Modell, in welchem ein starker Fokus auf störungs- oder symptomspezifische Argumente gelegt wird, werden im biopsychosozialen Rahmenmodell die Mehrfachbestimmtheit und psychosoziale Komplexität psychischer Gesundheit hervorgehoben (Engel, 1977). Körperlichen, psychologischen und sozialen Faktoren wird nunmehr nicht mehr die passagäre Rolle von Epiphänomenen zugeschrieben, die sich unter spezifischen Störungsbildern subsummieren lassen. Sie repräsentieren vielmehr selbstständige, transdiagnostische Aspekte, die in einem Netzwerk multipler Faktoren ihren Anteil leisten. Das biopsychosoziale Therapeutenbild verneint die Relevanz symptomspezifischer Argumente nicht, es betont jedoch die (selbstverantwortliche) Proaktivität und Partizipation, aber auch Mitverantwortung aller Beteiligten an einer Behandlung. Patientinnen und Therapeutinnen entscheiden und bestimmen zu einem gewissen Teil gemeinsam den Behandlungsplan, was zeigt, wie empirisch bedeutsam die kollaborativen Qualitäten zwischen Behandlern und Patienten sind.

Im Generellen anerkennt die moderne Psychotherapie die Grundannahmen des biopsychosozialen Modells, wie die proaktive, mitverantwortliche Rolle der Patienten, die kollaborative Zusammenarbeit von Therapeuten und Patienten und die Multidimensionalität und Multiperspektivität des Therapieverlaufs und -ergebnisses. Die Psychotherapie wird sogar als Katalysator dieses Modells in den sich schnell ver-

---

13 https://www.div12.org/diagnosis/posttraumatic-stress-disorder/
14 http://www.who.int/about/mission/en

ändernden industrialisierten Gesellschaften diskutiert (z. B. Elias, 2012). Wie aktuelle Empfehlungen zur Durchführung von Wirksamkeitsvergleichstudien[15], Vorgaben zur Verfassen von Ethikanträgen[16] und die Registrierung von Trials[17] darstellen, sind zentrale Annahmen des biopsychosozialen Modells jedoch nach wie vor kaum systematisiert. So fehlt beispielsweise eine Empfehlung zur systematischen Erfassung von Behandlungserwartungen und -präferenzen von Seiten der Patienten, auch wenn relativ unumstritten ist, dass diese die Effektivität von (psychologischen) Interventionen deutlich beeinflussen können (Constantino, Visla, Coyne & Boswell, 2018). Weiter erschwert die Definition eines „primären Endpunkts" oftmals eine breite, multidimensionale und multiperspektivische Definition des Therapieerfolgs (z. B. Flückiger et al., 2019).

Die mangelnde, systematische Mitberücksichtigung biopsychosozialer Aspekte kann jedoch nicht den vorzugsweise in Medikamentenstudien denkenden Policy-Makern zur Last gelegt werden. Vielmehr zeigt dies möglicherweise eher eine Schwäche der psychotherapeutisch-psychologischen Helping-Professions auf: Während es der Psychotherapie seit ihren Anfängen relativ leichtfällt, sich deduktiv in immer weiter verästelte Unterbereiche aufzuteilen und sich in innere Legitimationskämpfe zu verstricken, leisten induktive Prinzipien, also die Konzeptualisierung und Beschreibung allgemeiner psychotherapeutischer Rahmenbedingungen und Wirkprinzipien, grundsätzlich einen gewichtigen Beitrag zum Zusammenhalt der Psychotherapie-Profession (z. B. Norcross & Lambert, 2018). Nichtdestotrotz fehlt in der Psychotherapie nach wie vor die Ausformulierung eines breit akzeptieren Kernwissens (Goldfried, 2000), das in Politik und Forschung systematisch vertreten und integriert werden könnte. Eine Diskussionsgrundlage eines solchen Kernwissens leistete beispielsweise die American Psychological Association (2012).

Psychotherapeuten sind jedoch auch an der Nutzung der Rolle der beiden anderen Modelle interessiert. Beispielsweise kann die Verwendung biomedizinischer Begriffe zur Beschreibung psychologischer Konstrukte als werbewirksame Strategie angewandt werden (z. B. Meichenbaum & Lilienfeld, 2018). Weiter bin ich persönlich immer wieder von Neuem fasziniert und gleichzeitig auch etwas angewidert, mit welchem Enthusiasmus und sprachlich-konzeptueller Abgrenzung sich immer wieder neue Wellen psychotherapeutischer Brandnames auf den Markt begeben, vorzugsweise mit drei bis vier abkürzenden Buchstaben versehen. Selbstverständlich wird nicht jede selbstformierte Psychotherapierichtung Gefahr laufen, in einer esoterischen Psychosekte zu enden und die Postulierung moderner Gründerfiguren

---

15 http://www.spirit-statement.org
16 Z. B. https://www.swissethics.ch/templates.html
17 https://clinicaltrials.gov

ist womöglich auch eher eine soziale Konstruktion, wie von Kämmerer aufgegriffen. Nichtsdestotrotz scheinen psychotherapeutische Organisationen gelegentlich dazu zu tendieren, sich in privatrechtlichen Strukturen abzugrenzen.

### 4.2.1
### Psychotherapeutische Herausforderungen im modernen, biopsychosozialen Modell

Falls sich die Psychotherapie als eine Speerspitze eines modernen, biopsychosozialen Versorgungssystems definiert, so lassen sich im Rahmen dieses Modells eine Reihe von Kerndilemma formulieren, die auf äußerst gut untersuchten psychologischen Faktoren beruhen, sich jedoch in linear-aufgebauten (zumeist symptomspezifischen) Leitlinien nur unzureichend abbilden lassen (Norcross & Lambert, 2018):

- *Umgang mit Veränderungsmotivation von Patienten.* Patienten, die eine Psychotherapie aufsuchen, haben unterschiedliche Motivationen hierfür und sind mehr oder weniger ambivalent darin, an ihren Problemen zu arbeiten. Es besteht nachhaltige metaanalytische Evidenz, dass die motivationale Bereitschaft der (sich freiwillig meldenden) Patienten positiv mit dem Therapieerfolg korreliert (Constantino et al., 2018; 81 Primärstudien).
  → Wie minimal darf die Veränderungsmotivation eines Patienten sein, damit ich als Therapeutin bereit bin, mit einem Patienten zu arbeiten oder die Therapie von meiner Seite zu künden?
  → Wie viel Arbeitszeit darf ich mit einem ambivalent motivierten Patienten in die Motivationsarbeit stecken, allenfalls zu Lasten eines veränderungsmotivierteren Patienten auf der Warteliste? Oder besteht mein gesellschaftlicher Auftrag gerade darin, die wirklich kniffligen Fälle zu unterstützen?
  → Wie stark soll ich auf eine einzelne Intervention pochen, auch wenn sich der Patient (möglicherweise vordergründig) dagegen wehrt?
- *Umgang mit Einschätzungen zur persönlichen Arbeitsallianz von Therapeuten und Patienten.* Der Begriff der (Arbeits-)Allianz bezieht sich auf die holistische, eingeschätzte, kollaborative Qualität der Therapeutin-Patientin-Beziehung mit Fokus auf den vertrauensvollen Arbeitsauftrag (Horvath, 2018). Basierend auf über 300 Primärstudien ist die Allianz (gemessen während der Therapie) ein äußerst robuster Prädiktor des Therapieerfolgs über die verschiedenen Therapieschulen, Beurteilerperspektiven, Messmittel und Länder hinweg ($r = .28$; 95 %-Konfidenzintervall: .26/.30). Die deutschsprachige Literatur zeigt ein vergleichbares Bild. Negative Zusammenhänge werden kaum beobachtet (< 2 %); Flückiger, Del Re, Horvat & Wampold, 2018).

→ Inwieweit darf ich einen urteilsfähigen Patienten weiterbehandeln, wenn wir mit Behandlungszielen und konkreten Interventionen zu einem gewissen Grad nicht übereinstimmen? Wo liegen meine Schwellen?
→ Inwieweit ist es meine therapeutische Pflicht, eine Therapie ohne klaren Therapieauftrag zu kündigen?
→ Bis zu welchem Grad darf mir ein Patient unsympathisch sein?
→ Inwieweit beeinträchtigen persönliche Lebensereignisse wie aktuelle Scheidung, Todesfälle, Schicksalsschläge mein Beziehungsangebot? Inwieweit kompensiere ich diese Beeinträchtigung mit einer Reduktion des Arbeitspensums? Soll ich die finanziellen Einbußen einer reduzierten Arbeitsfähigkeit übernehmen? Ab wann gestehe ich mir eine Arbeitsunfähigkeit ein?

- *Umgang mit systematischem Feedback.* Systematisches Monitoring über die von den Patienten berichteten Fortschritte und Brüche in der Therapie erhöht die Wahrscheinlichkeit, dass Risikofälle schneller erkannt und adäquater therapiert werden (not on-track patients). Basierend auf 24 Primärstudien besteht deutliche metaanalytische Evidenz dafür, dass Patientenfeedback an den Therapeuten die Wahrscheinlichkeit des Therapieerfolges erhöht (Lambert, Whipple & Kleinstäuber, 2018; Lutz, Neu & Rubel, 2019; Schiepek, Eckert, Aas & Wallot, 2015).
  → Ist mir die Sicht meines Patienten wichtig? Inwieweit akzeptiere ich diese Sichtweise als Perspektive/Standpunkt und inwieweit gewichte ich meine eigene Interpretation?
  → Bin ich etwas immun gegenüber der Sichtweise anderer und weiß es insgeheim schon etwas besser? Oder habe ich es aufgegeben, auf mein eigenes Urteil zu vertrauen und delegiere die Verantwortung lieber den anderen? Wo liegt die richtige Mischung?

- *Therapeutenbild in interdisziplinären, akademischen Teams.* Die Spezialisierung von akademisch hervorragend geschultem „Gesundheitspersonal" schreitet in modernen biopsychosozialen Gesundheitssystemen zügig voran. Neben den klassischen akademischen, forschungsorientierten Gesundheitsprofessionen (z. B. in Biologie, Pharmakologie, Psychologie und Medizin) werden weitere wissenschaftlich geschulte Berufsbilder wie Pflege, Sozialarbeit, Physiotherapie, Medizininformatik und Gesundheitsökonomie zunehmend eng eingebunden. Etwas im Kontrast zu ihren langjährigen Ausbildungen sind Psychotherapeuten in den Organigrammen stationärer und ambulanter Institutionen oftmals relativ wenig sichtbar.
  → Bin ich bereit, in Institutionen Leitungsfunktionen zu übernehmen oder sehe ich mich lieber als beratende Person im Hintergrund?
  → Bin ich bereit, mich für systematische Abläufe in Institutionen zu engagieren oder diese gar zu erkämpfen oder ziehe ich den Aufbau und die Pflege eines Beziehungsnetzwerkes vor?

→ Stelle ich eher lieber das Wissen zur Entscheidungsgrundlage zusammen oder delegiere ich lieber das Zusammenstellen, damit ich mich auf dieser Grundlage entscheiden kann?
- *Therapeutenbild als Frauenberuf.* Im deutschen Sprachraum ist Psychotherapie ein deutlicher Frauenberuf (72 %; unter 35 Jahren: 91 %), ebenso in England und den Niederlanden (80 %), was den Frauenanteil beispielsweise von Psychiatern (50 %) deutlich übertrifft (Jäggi, Künzi, de Wijn & Stocker, 2017). In aktuellen Psychotherapie-Weiterbildungsjahrgängen sind vier Männer von 20 Teilnehmenden schon fast ein passabler Männeranteil. Mögliche Implikationen des hohen Frauenanteils werden erstaunlicherweise relativ selten thematisiert und konkretisiert.
  → Inwieweit stimmen meine in langjähriger Aus- und Weiterbildung erworbenen beruflichen Fähigkeiten mit meinen aktuell zugesprochenen beruflichen Kompetenzen überein?
  → Bin ich mit dem Rollenverständnis ganz zufrieden, nach meiner langjährigen, intensiven Aus- und Weiterbildung als Psychotherapeutin Teilzeit zu arbeiten? Bin ich im Gegenzug auch gerne bereit, die professionelle Hauptverantwortung etwas nach oben zu delegieren? Oder kämpfe ich aktiv für flexiblere Arbeitslösungen?
  → Ist Kinderbetreuung bei mir eher Frauen-, Krippen- oder Männerangelegenheit? Wie stark auf Kosten meiner Arbeit und Freizeit?

Wie die beiden Beiträge sowie die oben dargestellten Beispiele alltäglicher Kerndilemmas aufzeigen, stellt Psychotherapie weit mehr dar als die „Verabreichung" lege artis durchgeführter Interventionen. Sie ist und bleibt sowohl humane Intervention als auch Humanintervention – sowohl für Patientinnen als auch für Therapeutinnen!

## Literatur
American Psychological Association (APA). (2012). *Recognition of Psychotherapy Effectiveness*. Verfügbar unter https://www.apa.org/about/policy/resolution-psychotherapy.
Bell, E. C., Marcus, D. K. & Goodlad, J. K. (2013). Are the parts as good as the whole? A meta-analysis of component treatment studies. *Journal of Consulting and Clinical Psychology, 81*, 722–736.
Bruner, J. & Postman, L. (1951). An approach to social perception. In W. Dennis & R. Lippitt (Eds.), *Current trends in social psychology* (pp. 71–118). Pittsburgh: University of Pittsburgh Press.
Constantino, M. J., Visla, A., Coyne, A. E. & Boswell, J. F. (2018). A meta-analysis of the association between patients' early treatment outcome expectation and their posttreatment outcomes. *Psychotherapy, 55*, 473–485. http://dx.doi.org/10.1037/pst0000169
Elias, N. (2012). *The civilizing process: Sociogenetic and psychogenetic investigations* (2nd ed.). London: Wiley-Blackwell.

Engel, G. L. (1977). The need for a new medical model: a challenge for biomedicine. *Science, 197* (4286), 129–136.

Flückiger, C., Del Re, A. C., Munder, T., Heer, S. & Wampold, B. E. (2014). Enduring effects of evidence-based psychotherapies in acute depression and anxiety versus treatment as usual at follow-up – A longitudinal meta-analysis. *Clinical Psychology Review, 34,* 367–375.

Flückiger, C., Del Re, A. C., Horvath, A. O. & Wampold, B. E. (2018). The alliance in adult psychotherapy: A meta-analytic synthesis. *Psychotherapy.* http://dx.doi.org/10.1037/pst0000172

Flückiger, C., Del Re, A. C. & Wampold, B. E. (2015). The sleeper effect: Artifact or phenomenon – A brief comment on are the parts as good as the whole? A meta-analysis of component treatment studies (Bell, Marcus & Goodlad, 2013). *Journal of Consulting and Clinical Psychology. 83,* 438–442.

Flückiger, C., Hilpert, P., Goldberg, S., Caspar, F., Held, J., Wolfer, C. & Visla, A. (2019). Investigating the impact of early alliance on predicting subjective change at posttreatment: an evidence-based souvenir of overlooked clinical perspectives. *Journal of Counseling Psychology.* http://dx.doi.org/10.1037/cou0000336

Frank, J. D. & Frank, J. B. (1991). *Persuasion and healing: a comparative study of psychotherapy.* Baltimore: JHU Press.

Frost, N., Laska, K. & Wampold, B. E. (2014). The evidence for present-centered therapy as a treatment for posttraumatic stress disorder. *Journal of Tramatic Stress, 27,* 1–8.

Goldfried, M. R. (2000). Consensus in psychotherapy research and practice: Where have all the findings gone? *Psychotherapy Research, 10,* 1–16. http://dx.doi.org/10.1093/ptr/10.1.1

Horvath, A. O. (2018). Research on the alliance: Knowledge in search of a theory. *Psychotherapy Research, 28* (4), 499–516. https://doi.org/10.1080/10503307.2017.1373204

Jäggi, J., Künzi, K., de Wijn, N. & Stocker, D. (2017). *Vergleich der Tätigkeiten von Psychiaterinnen und Psychiatern in der Schweiz und im Ausland.* Bern: Bundesamt für Gesundheit.

Kivlighan, D. M., Goldberg, S. B., Abbas, M., Pace, B. T., Yulish, N. E., Thomas, J. G. et al. (2015). The enduring effects of psychodynamic treatments vis-à-vis alternative treatments: a multilevel longitudinal meta-analysis. *Clinical Psychology Review. 40,* 1–14.

Lambert, M. J., Whipple, J. L. & Kleinstäuber, M. (2018). Collecting and delivering progress feedback: a meta-analysis of routine outcome monitoring. *Psychotherapy,* (55), 520–537.

Lutz, W., Neu, R. & Rubel, J. (2019). *Evaluation und Effekterfassung in der Psychotherapie.* Göttingen: Hogrefe.

Meichenbaum, D. & Lilienfeld, S. O. (2018). How to spot hype in the field of psychotherapy. A 19-item checklist. *Professional Psychology: Research and Practice, 49* (1), 22–30.

Morina, J. A., Galvez-Lara, M. & Corpas, J. (2017). Psychological treatments for mental disorders in adults: a review of the evidence of leading international organizations. *Clinical Psychology Review, 54,* 29–43.

Norcross, J. C. & Lambert, M. (2018). Psychotherapy relationships that work III. *Psychotherapy, 55,* 303–315.

Podina, I., Visla, A., Fodor, L.-A. & Flückiger, C. (2019). Is there a sleeper effect of exposure-based vs. cognitive-only intervention for anxiety disorders? A longitudinal multilevel meta-analysis. *Manuskript eingereicht zur Publication.*

Schiepek, H., Eckert, H., Aas, B. & Wallot, A. (2015). *Integrative psychotherapy: a feedback-driven dynamic systems approach.* Göttingen: Hogrefe.

Selin, H. & Shapiro, H. (2003). *Medicine across cultures: History and practice of medicine in non-western cultures*. New York: Springer.

Shedler, J. (2010). The efficacy of psychodynamic psychotherapy. *American Psychologist, 65*, 98–109.

Tolin, D. F. (2010). Is cognitive-behavioral therapy more effective than other therapies? A meta-analytic review. *Clinical Psychology Review, 30*, 710–720.

Wampold, B. E., Imel, Z. E. & Flückiger, C. (2018). *Die Psychotherapie-Debatte – Was Psychotherapie wirksam macht*. Bern: Hogrefe.

# 5 Auf den Punkt gebracht: Individualität und Verallgemeinerung in der Fallkonzeption

*Hans Lieb*

## 5.1 Vorbemerkung

Ich beleuchte mit meinem Beitrag das Spannungsverhältnis zwischen fallbezogenen Einzeldaten und deren therapieleitenden Verallgemeinerungen. Zwischen diesen beiden Polen bewegt sich jeder therapeutische Prozess und diese Relation ist explizit oder implizit Thema in jedem Therapielehrbuch. Sie grundsätzlich aufzugreifen, mag zunächst banal erscheinen. Nicht banal ist jedoch die Frage, wie es gelingen kann, dass der jeweilige Klient im unterlegten therapeutischen Konzept mit seiner Einmaligkeit vorkommt und umgekehrt aus den vielen Einzeldaten ein komplexitätsreduzierendes verallgemeinertes Fallkonzept entwickelt wird. Gute Individualisierungen vermitteln, dass es wirklich um den jeweiligen Klienten geht, gute Verallgemeinerungen, dass er als „Fall von …" beim dafür zuständigen Experten in guten Händen ist. Die Klärung von individuellen Therapiezielen und Aufträgen dienen einer guten Balance zwischen beiden Seiten, garantieren sie allein aber noch nicht.

In der Literatur wird die Relation zwischen beide Seiten erfasst als solche zwischen Ideografie und Verallgemeinerung, Komplexitätserweiterung und Komplexitätsreduktion, Land und Landkarte, Einzelelement und Muster oder sprachlich zwischen Wort und Satz bzw. Satz und Gesamttext. Manchmal sieht man den Wald vor lauter Bäumen nicht (zu viele Einzeldaten), manchmal verlieren Begriffe und Konzepte den Bezug zum individuell Konkreten (zu viele Verallgemeinerung). Dieser Beitrag stellt sich den folgenden Hauptfragen: Was sind in der Therapie Merkmale von zu vielen Einzeldaten bzw. von zu viel Abstrahierung? Was ist eine professionelle Fallkonzeption? Wie gelingen gute ideografische Konkretisierungen und wie gute Verallgemeinerungen?

> **Fallbeispiel[18]**
>
> **Vom Individuellen zum Allgemeinen zum Individuellen**
>
> Die 24-jährige Frau Neuner berichtet in der achten Therapiestunde detailreich über etliche familiäre Treffen, u. a. mit Konflikten hinsichtlich der Betreuung eines behinderten Onkels. Auf Nachfrage kann sie – wie schon in früheren Sitzungen – keinen speziellen Therapieauftrag formulieren. Der Therapeut hört daher weiter zu und fragt nach Einzelaspekten. Innerlich fragt er sich: Was ist hier das Allgemeine, was ein möglicher „roter Faden"? Einen solchen findet er dann zunächst hypothetisch für sich: Es klingen immer wieder erlebte Enttäuschungen durch ihre Mutter an. Diese scheint umgekehrt auch enttäuscht von ihr zu sein. Mit Erlaubnis der Klientin fokussiert er nun darauf: Was erwartet jede von der anderen – wie wird das jeweils mitgeteilt und wie wird dann darauf reagiert? Aus den Antworten generiert er zunächst für sich eine diesbezügliche fallbezogene Verallgemeinerung. Die Klientin will diese auf Nachfrage hören und er teilt ihr mit: „Ich sehe hier eher eine Geschichte zwischen zwei Freundinnen und weniger die zwischen Mutter und Tochter. Jede will genau das von der anderen, was diese ihr nicht gibt. Passt diese Beschreibung für Sie?" Klientin: „Ja total! Passt genau ... da sind wir beide stur!" Auf der Basis dieser nun als passend angesehenen verallgemeinerten Fallkonzeption werden dann ganz konkrete Möglichkeiten durchgespielt, wie die Klientin dieses Muster verändern könnte.

## 5.2
# Zu viel Individualität, zu viel Verallgemeinerung

Bei zu großer Dominanz individueller Einzeldaten verliert man sich im Detail und insofern den Überblick. Der Therapeut verbleibt ggf. sehr im Modus des Zuhörers oder des Reagierens auf Äußerungen des Klienten. Meistens redet der Klient dann deutlich mehr als der Therapeut. Beide finden keinen oder verlieren den roten Faden.

Bei einem Zuviel oder bei zum Individuellen nicht passender Verallgemeinerung oder Komplexitätsreduktion wird es irgendwie „verkopft", anstrengend oder sogar langweilig. Man kann sich in abstrakten Dialogen wiederfinden, wobei das konkrete Problem oder Leben der Klientin in den Hintergrund tritt. Therapeutische Methoden und Ansätze führen nicht zu relevanten Veränderungen bei der Klientin. Man verbleibt bei Landkarten und Begriffen ohne hinreichenden Bezug zum Land des

---

18 Alle Fallbeispiele entstammen der Praxis des Autors. Alle Namen sind frei erfunden und die Kontexte wurden so verfremdet, dass sie keiner realen Person zugeordnet werden können.

Lebens. Es geht dann z. B. zu abstrakt um Begriffe wie „Selbstwert", „Unsicherheit", „Angst", „Selbstverwirklichung" oder „Anpassung". Verwendete Metaphern („In unserer Familie geht es zu wie in einem Zirkus!") gewinnen ein Eigenleben und verlieren den Bezug zum gelebten Alltag – das „Als ob" der Metapher geht verloren. Insofern Diagnosen letztlich immer Verallgemeinerungen sind, wird bei einem zu hohen Maß an Verallgemeinerung zu rasch aus fallbezogenen Einzeldaten auf eine therapieleitende Diagnose geschlossen, und wichtige fallbezogene Details können nicht gesehen werden. Die auf dieser Basis verfolgte Therapiestrategie führt dann vermutlich nicht zu den angestrebten relevanten Veränderungen beim jeweiligen Klienten.

## 5.3
## Vom Nutzen der metaperspektivischen Unterscheidung zwischen Individualität und Verallgemeinerung

Es gibt keine „richtigen" Varianten von Konkretisieren und Verallgemeinern. Ich treffe als Therapeut immer *meine* Selektionen hinsichtlich beider Seiten. Wenn man akzeptiert, dass jede dieser Selektionen auch anders getroffen werden könnte, kann man in Selbstreflexion und Supervision die Auswirkungen der jeweils getroffenen Auswahl auf den Klienten, auf sich selbst und auf die Therapiebeziehung registrieren und dann ggf. neu hinterfragen: Von welcher Fallkonzeption habe ich mich bisher leiten lassen? Welche Klientendaten habe ich dafür verwendet und welche ggf. ausgeblendet? Was hat mich zu dieser Wahl verleitet: Aspekte beim Klienten, eigene Gefühle, Kontextfaktoren?

> **Fallbeispiel**
>
> **Vom unpassend Allgemeinen zum Individuellen zum passenderen Allgemeinen**
> Frau R., 35 J., gewollt kinderlos, verheiratet, kam wegen vielfältiger Symptome und Probleme zur Therapie. Angesichts etlicher früherer Psychotherapien haben wir zur Vermeidung therapeutischer Wiederholungen den Schwerpunkt auf die Lösung der aktuellen Partnerproblematik in Paargesprächen und Einzeltherapie gelegt. Trotz zunächst gut bewerteter Interventionen führte das zu keinen anhaltend positiven Veränderungen. Sie berichtete vom immer wieder gleichen Leiden in ihrer Ehe. Angesichts dessen äußert der Therapeut in einer Stunde, dass ihm dazu nichts Neues mehr einfalle. In der nächsten erzählt sie vehementer als zuvor, dass sie in stundenlangen Konfliktgesprächen mit ihrem Mann durch Angst, Sprachlosigkeit und einem Gefühl heftiger Ohnmacht wie paralysiert sei. Die Zentrierung auf diese bisher wenig konkretisierten Aspekte ihres Eheerlebens und deren biografische Hintergründe führten zu einer neuen „Fallkonzeption": Dem-

> zufolge würde die Klientin in solchen Situationen in einen Zustand „hineingetriggert", den sie immer wieder bei ihrem aggressiven, gewalttätigen Vater erfahren habe. Diese verallgemeinerte „Regressionsdiagnose" nutzten wir zur Planung einer fallbezogen neuen und dann fallbezogen wieder konkreten Therapieplanung mit Beschützung ihres „inneren Kindes", Trennung zwischen „damals und heute" und Methoden zur „Entparalysierung".

## 5.4 Zur Soziologie professioneller Fallkonzeptionen

In vielen Professionen ist es notwendig, aus vielen individuellen Einzeldaten auf Allgemeines zu schließen und daraus einen in den beruflichen Kontext passenden „Fall von ..." zu machen. Das macht auch ein Friseur, wenn er die beste Frisur, den richtigen Schnitt für eine Kundin sucht. In der Soziologie finden wir anregende berufsübergreifende Hinweise, welche Stufen solche professionellen Fallkonzeptionen ausmachen (siehe genauer in Bergmann 2014). Es gilt zunächst, sich klarzumachen, für wen die jeweilige Fallkonzeption erstellt wird, weil diese dadurch beeinflusst wird: Für den Professionellen selbst als Leitschnur für sein Handeln? Für seinen Klienten, der wissen will, was bei ihm „der Fall" ist bzw. dem das therapeutisch erstellte Konzept transparent vermittelt werden soll? Für einen Supervisor? Für einen Gutachter?

Jede Fallkonstruktion ist letztlich das Resultat mehrerer Selektions- und Verallgemeinerungsprozesse. Es verbleibt dabei immer ein Spannungsverhältnis zwischen ideografisch Besonderem und einer verallgemeinerten Komplexitätsreduktion. Für Letzteres müssen Einzelaspekte „ausgewaschen" werden. Der ideografisch einmalige Einzelfall wird vom ersten Moment an präpariert, hergerichtet, zugerichtet und im Verlauf der Fallarbeit so konserviert, dass der Fall der bleibt, den man anfangs konzipiert hat. Am Ende steht dann die Frage: Wann ist der Fall für den Professionellen kein Fall mehr – wann ist die Therapie beendet? Die in diesen Stufen jeweils enthaltenen Selektionen, Entscheidungen und Verallgemeinerungen bleiben weitgehend unsichtbar, sie können aber reflexiv beobachtet und rekonstruiert werden. Aus dieser Sicht auf professionelle Fallkonstruktionen geht es bei der Diagnose also nicht um die Identifikation des „wirklichen Falls", sondern um die kontinuierlichen Prozesse von Fallkonstruktion, -rekonstruktion, -dekonstruktion und wieder -neukonstruktion.

## 5.5
## Fallkonzeption und therapeutische Beziehung

In der Therapie gibt es einen im Vergleich zu anderen Professionen besonders wichtigen Aspekt: die Relevanz der jeweiligen Fallkonstruktion für die therapeutische Beziehung. In *hierarchisch* angelegten Varianten macht sich ein Experte (Handwerker, Steuerberater, Arzt, Therapeut usw.) sein Fallkonzept und leitet daraus seine Art, den Fall zu bearbeiten, ab. Er kann seinen Klienten darüber informieren – muss das aber nicht. Mitreden kann oder sollte der Klient als „Laie" dabei nicht. In *dialogischen* Varianten ist die Entwicklung der Fallkonzeption zum einen Resultat eines Abstimmungsprozesses zwischen Klientin und Expertin. Zum anderen wird die dabei professionell erstellte Konzeption selbst Gegenstand des therapeutischen Dialoges. Zwar bleibt es auch hier Aufgabe des Professionellen, aus den vom Klienten referierten Einzelaspekten geeignete Abstrahierungen vorzunehmen. Im dialogischen Ansatz stellt er diese aber immer wieder zur Disposition und macht das weitere Vorgehen vom Resultat des Dialoges darüber abhängig. Diesen Abstimmungsprozess nennt die Fallkonzeptionssoziologie die Klärung des „Common Ground": Passen das, was der Klient will, und der „Fall", den der Therapeut daraus konstruiert hat, zusammen?

## 5.6
## Wege zu Individualisierungen und zu Verallgemeinerungen

Es gibt schulenspezifische, schulenübergreifende und ganz persönliche Wege, beiden Seiten gerecht zu werden. Ich stelle im Folgenden von mir bevorzugte Vorgehensweisen dar mit dazu passenden Auszügen aus einer Sitzung mit meinem Klienten Herrn Grohl[19].

> **Fallbeispiel**
> Herr Grohl ist 43 Jahre alt, verheiratet, arbeitet in der Apotheke seiner Frau mit. Er war im Rahmen einer beruflichen Krise zur Therapie gekommen und bezahlt die Sitzungen selbst. Bisher haben sechs Gespräche stattgefunden, die ihm bei der Bewältigung der beruflichen Krise geholfen haben und die er weiter fortsetzen will. Seine Leidenschaft ist das von ihm sogenannte „Naturjoggen", d.h. Laufen durch Wald und Wiese in möglichst unbesiedelter Gegend.

---

19 Es handelt sich im Folgenden um eine wörtliche Wiedergabe mit sprachlicher Glättung durch Weglassung redundanter Sprachfloskeln oder sprachlicher Wiederholungen.

> Für diesen Sport hatte er spezielle Laufschuhe entwickelt, selbst produziert und über deren Serienproduktion mit einer dafür marktführenden Firma verhandelt. Dieses für ihn wichtige Projekt ist u. a. an der Unzuverlässigkeit seiner Geschäftspartner gescheitert.
>
> Die aktuelle Sitzung beginnt mit einem Bericht des Klienten über Aspekte seiner Selbstbeobachtungen und -bewertungen, was Thema der letzten Stunde war. Das hat jetzt in der aktuellen Sitzung wenig Energie. Herr Grohl hat kein spezifisches Anliegen für diese Stunde. Der Therapeut fragt dann nach aktuell wichtigen Aspekten in seinem jetzigen Leben. Im Gespräch darüber kommt schließlich ein schmerzliches Erleben in seiner Partnerschaft mit relevanten biografischen Hintergründen ins Zentrum. Am Ende wird herausgearbeitet, dass er mit seiner Frau in eine „Sei-spontan-Paradoxie" geraten ist, bei der sie freiwillig und von sich aus wollen sollte, was er von ihr will, mit Ideen, wie er das herausfinden könnte.

Was verbirgt sich hinter diesen zunächst abstrakten Darlegungen? Das Beispiel wird im Folgenden Schritt für Schritt vorgestellt.

## 5.7
# Methoden zur Konkretisierung – Individualisierung

Angesichts des recht abstrakten energielosen ersten Themas in der Stunde („Selbstbeobachtungen") sucht der Therapeut nach relevant Konkretem. Die Frage nach einem Anliegen hatte zuvor wenig ergeben. Er wählt daher einen anderen Weg:

> - *Therapeut*: „Erzählen Sie mir doch von Ihrem aktuellen Leben – von Ihrer Arbeit, Ihrem Hausbau, Ihrer Partnerschaft, Ihrer Freizeit: Was ist da gerade wichtig?"
> - *Klient*: „Tja, also mit dem Haus läuft es nicht so gut. Meine Frau hat ihre Apotheke wegen Urlaub geschlossen … da haben wir jetzt Ruhe … das bedeutet, dass wir etwas abgesackt sind, auch stimmungsmäßig …" Der Klient selegiert hier den Partnerbereich als vorrangig. Nähere Fragen des Therapeuten dazu führen zu einem für den Klienten relevanten Thema: Dass seine Frau nicht an seiner Leidenschaft des Naturjoggens teilnimmt.
> - *Klient*: „…. Ich verbinde damit sehr viel Wichtiges und Schönes. … Wir haben früher probiert, zusammen zu laufen, sie hat es wirklich probiert. Und es ist gründlich, gründlich schiefgegangen. Mehrschichtig. Teilweise mit meiner Verantwortung, aber auch ohne meine Verantwortung."

> Der *Therapeut* fragt genauer nach, welches „Projekt" hier schiefgegangen sei und was das für den Klienten bedeute.
> - *Klient*: „Ich empfinde mich total zurückgewiesen …. Weil wir das nicht zusammen machen. Wir sind uns einig, dass das gemeinsam nicht funktioniert."

**Schlüsselworte und das Prinzip Nichtverstehen:** In der Therapieschule der Idiolektik steht die (Eigen-)Sprache des Klienten im Zentrum von Theorie und Praxis (Bindernagel, Krüger, Rentel & Winkler, 2012). Hier gilt das Prinzip des „Nichtverstehens" vom Klienten verwendeter zentraler Begriffe. Gefragt wird, was genau der Klient mit einem bestimmten Begriff meint.

Bei Herrn Grohl galt das der Begriffskombination „sich total zurückgewiesen fühlen": Worin zurückgewiesen? Wodurch? Spezifisches Gefühl?

**Je konkreter der Therapeut fragt, desto konkreter antwortet der Klient:** Auf allgemeine Fragen („Wie ist das jetzt für Sie?") antworten Klienten in der Regel allgemeiner als auf eine konkretere Frage („Was genau denken und was fühlen Sie, wenn ihr Bruder ‚…' zu Ihnen sagt?")

**Wandern zwischen Vergangenheit, Gegenwart und Zukunft:** Man kann zu jedem Thema zwischen den Zeiten wandern. Gespräche bleiben mit solchen Zeitbögen meistens konkret und lebendig: Wie ist das … jetzt, wie war das … früher, wie genau könnte oder sollte es zukünftig sein?

> Herr Grohl sprach von selbst eine zur Gegenwart passende Erfahrung aus seiner Herkunftsfamilie an: Auch hier war das gemeinsame familiäre Wandern in der Natur für ihn wichtig und auch hier war die Mutter aus dieser Familienaktivität plötzlich ausgestiegen. Der Therapeut stellte mit expliziter Erlaubnis des Klienten hierzu spezifische Fragen: Was hatte der Ausstieg der Mutter aus diesen Familienaktivitäten für ihn als Kind bedeutet? Was sind Gemeinsamkeiten und was Unterschiede zum analogen Erleben in seiner jetzigen Partnerschaft?

**Problemrelevante Leitunterscheidungen:** Das Aufgreifen und Befragen von Unterscheidungen, auf denen die Erzählung eines Klienten explizit und vor allem implizit ruht, ist fast immer ein Königsweg zur individuellen Konkretisierung: Wer z. B. von Schuld spricht, unterscheidet Schuld von Unschuld und man kann für beide Seiten um eine Konkretisierung bitten. Für jede Seite einer verwendeten Unterscheidung kann erfragt werden, wie das „Land" zu diesen begrifflichen „Landkarten" konkret aussieht.

> Herrn Grohl ist es wichtig, dass seine Frau sich bei gemeinsamen Aktivitäten mit ihm wohlfühlt. Er verwendet damit implizit die Unterscheidung „Frau fühlt sich bei gemeinsamen Aktivitäten wohl – fühlt sich dabei nicht wohl":
> - *Therapeut* (imaginativ): „Also, Sie laufen mit ihr jetzt zusammen durch die Natur ..., Sie merken, dass sie sich nicht gerade wohlfühlt."
> - *Klient* (lacht, emotional engagiert): „Ich bekomme schon feuchte Hände bei diesem Gedanken!"
> - *Therapeut*: „Was genau geschieht jetzt bei Ihnen, wenn Sie merken, dass Ihre Frau sich nicht wohlfühlt? ... Wie fühlen Sie sich? ... Was denken Sie?"
> - *Klient* (denkt und fühlt länger nach, dann): „Das geht jetzt hin und her. Das pendelt zwischen Wut und Verantwortung. Ich würde das als Zurückweisung ..., wie ein Kind!"

Später wird die andere Seite dazu exploriert: Wie würde er feststellen und was würde es für ihn bedeuten, wenn die Frau sich dabei wohlfühlte?

**Verhalten, Fühlen, Denken:** Wie beispielsweise bei einer phänomenologischen Verhaltensanalyse in der Verhaltenstherapie üblich, kann man zu jedem Problem und jeder relevanten Situation konkret erfragen: „Wie genau verhalten Sie sich dabei? – Was denken Sie? – Wie fühlen Sie sich?"

**Subjekt, Prädikat, Objekt:** Jeder Satz enthält diese drei Elemente und man kann konkretisieren, wenn eines dieser Elemente im Satz des Klienten vage bleibt oder fehlt: Zum vom Klienten unvollendeten Satz „Da könnte ich glatt ..." kann gefragt werden: „Was genau könnten Sie?" Das vage „das" in „Das tut mir leid!" kann konkretisiert werden durch die Frage: „Was genau tut Ihnen da leid?"

## 5.8
# Methoden zur Verallgemeinerung/Komplexitätsreduktion

### 5.8.1
### Klärung und Sicherung des Common Ground

Sowohl der Weg zur persönlichen Konkretisierung als auch der in Richtung Verallgemeinerung kann die therapeutische Beziehung bedrohen bzw. den Common Ground gefährden. Den gilt es dann ggf. immer wieder zu klären oder zu sichern.

Da das Gespräch keinem klar formulierten Auftrag des Klienten folgte und vom Therapeuten viele hypothesengeleitete Fragen gestellt oder Kommentare formuliert worden waren, sichert der Therapeut den Common Ground immer wieder ab. Hier ein Beispiel:

> - *Therapeut:* „Ist das, was wir gerade besprechen, für Sie oder Ihre Beziehung ein wichtiges Thema?"
> - *Klient* bestätigt, dass ihm das therapeutisch gerade Besprochene wichtig ist, mit „Ja".

**Diagnosen oder übergeordnetes Störungsmodell:** Diagnosen machen immer aus Einzeldaten einen verallgemeinerten „Fall von ...". Die Frage ist also: Gibt es hierfür einen Common Ground? Erweisen sich die Fallkonstruktion und der abgeleitete Therapieplan hinsichtlich der vom Klienten angestrebten Veränderungen als nützlich? In der Verhaltenstherapie soll das, was der Klient an Problemdetails berichtet, zu einem mit dem Klienten abgesprochenen *übergeordneten Störungsmodell* verarbeitet werden, aus dem erst ein Therapieplan abgeleitet wird. Die Auswahl dessen, was hierzu jeweils an Daten erhoben und wie das verwertet wird, folgt immer einem therapeutisch (mit-)gesteuerten Selektions- und Entscheidungsprozess. Im Fall von Herrn Grohl könnte dieses Modell seine Lebensgeschichte beschreiben, die von Beziehungsverlusten bei unsicherer Bindung gekennzeichnet ist und die bei der aktuell ähnlichen Partnerkonstellation auch zu ICD-klassifizierbaren Symptomen führt.

**Methodenorientierung als Programm:** Manche Methoden kann man bei (fast) allen Problemen anwenden und wer diese a priori oder schon nach wenigen Klientenschilderungen anwendet, hat eine Vorselektion mit einer spezifischen Verallgemeinerung getroffen: systemische Wunderfrage mit rascher Lösungsorientierung, Vermittlung wertfreier Achtsamkeit, Stuhldialoge und Teilearbeit aus der Schematherapie, Übungen aus dem Sozialen Kompetenztraining usw.

**Emotionale Beteiligung als Leitschnur:** Wenn bei zu vielen Details der Faden verloren geht, kann die spürbare oder erfragbare „stärkste emotionale Beteiligung" bei einem bestimmten Punkt helfen, diese zu einer relevanten Verallgemeinerung zu nutzen.

> Zum Thema „Herkunftsfamilie" hatte Herr Grohl schließlich viele Details berichtet – für Therapeut und Klient ging der gefundene rote Faden wieder verloren. Hier half die Orientierung an einer emotionalen Beteiligung:
> - *Therapeut:* „Sie hatten vorher gesagt, dass Sie (im Hinblick auf die Herkunftsfamilie) gerade auf etwas Interessantes gekommen wären. (Das Wort interessant hatte er mit emotionaler Beteiligung vorgetragen.) Was fanden Sie da so interessant?"

- *Klient*: „Ja, dass meine Mutter aus dem Familienwandern ausgestiegen ist."
- *Therapeut*: „So, wie ich Sie verstanden habe, hatte das gemeinsame Wandern auch eine bestimmte Bedeutung für Sie?"

Der hierdurch wieder gefundene rote Faden war dann: „Jemand, der mir wichtig ist, steigt für mich schmerzhaft aus etwas Gemeinsamem aus."

**Ereignis versus Bedeutung:** Das Leben besteht aus einer permanenten Aneinanderreihung von Ereignissen. Für die Erstellung einer passenden Verallgemeinerung ist die Bedeutung von Ereignissen entscheidend. Diese kann erfragt werden.

Für Herrn Grohl waren zwei Ereigniskomponenten relevant: a) „Frau läuft mit mir durch die Natur" und b) „Sie fühlt sich dabei wohl/nicht wohl"
- *Therapeut*: „Was würde es für Sie bedeuten, wenn sie mit Ihnen läuft …?"
- *Klient*: „Ich glaube, das wäre ein Teilen … mittlerweile habe ich niemanden mehr, mit dem ich das teilen kann."
- *Therapeut*: „Und wäre es ein Unterschied, ob das irgendjemand oder ob das Ihre Frau mit Ihnen teilt?"
- *Klient*: „Das (er meint seine Frau) wäre etwas Besonderes!"

**Leitunterscheidungen**, die der Erzählung eines Klienten unterliegen, können auch für komplexitätsreduzierende Verallgemeinerungen eine zentrale Rolle spielen.

Herr Grohl hatte formuliert, dass bei ihm etwas „zusammenbrechen" würde, wenn sich seine Frau während eines von ihm initiierten gemeinsamen Laufens in der Natur unwohlfühlen würde. Der Therapeut greift eine Unterscheidung auf, die aus seiner Sicht in der Klientenerzählung implizit mitschwingt: „Für den Zusammenbruch verantwortlich sein versus für diesen nicht verantwortlich sein":
- *Therapeut*: „Wer hat – ich kann das jetzt nur so plump formulieren – da aus Ihrer Sicht etwas falsch gemacht? Wer ist verantwortlich für diesen ‚Zusammenbruch'?"
- *Klient*: „… Sie ist in der Verantwortung und ich sehe mich auch in der Verantwortung."
- *Therapeut*: „Welche Verantwortung hat Ihre Frau dabei und welche haben Sie?"
- *Klient*: „Sie, dass sie sich nicht richtig darauf eingelassen hat. Ich, dass ich sie überfordert habe."

> Im Weiteren explorieren wir dann die hier vom Klienten angesprochene Unterscheidung hinsichtlich seiner Frau: „Sich richtig einlassen – sich nicht richtig einlassen":
> - *Therapeut:* „Was genauer müssten Sie wahrnehmen, damit Sie sagen könnten, dass Ihre Frau sich ‚richtig' eingelassen hat?"

**Schlüsselworte**, die in der Erzählung eines Klienten enthalten sind oder als solche gewertet werden, kann man als Hinweise auf die Tiefenstruktur eines Problems interpretieren und deren Befragung zu einer individuell passenden Verallgemeinerung nutzen.

> Der Therapeut greift den vom Klienten benutzten Begriff des „Scheiterns" einer gemeinsamen Unternehmung auf:
> - *Klient:* „Ja, da kommt ja nun ein Scheitern herein: Der Versuch ist gescheitert."
> - *Therapeut:* „Wie heißt das Projekt, das gescheitert ist?"
> - *Klient* (denkt nach): „Eigentlich: Genuss."
>
> Der Therapeut sah in dieser Stunde folgende weitere Begriffe in den Erzählungen des Klienten als Schlüsselworte an: „Sich zurückgewiesen (versus angenommen) fühlen; freiwillige (vs. unfreiwillige) Teilnahme an einer gemeinsamen Unternehmung; Schuld (versus Unschuld) am Leiden der Partnerin".

**Nonverbale Sprachpragmatik:** Manche Reaktionen oder Verhaltensweisen lassen sich als nonverbale Kommentierungen verbaler Berichte interpretieren. Sie können auf in der verbalen Sprache des Klienten nicht enthaltene Komponenten verweisen: eine das Sprechen begleitende (an-)klagende Sprachmelodie, tiefe Seufzer, Tränen oder eine sich wiederholende Geste wie etwa eine „wegwerfende" Handbewegung. Das explizit anzusprechen, stellt einen Eingriff in die Intimität eines Klienten dar, wofür es einer Legitimation bedarf. („Vielleicht spreche ich mal Ihre nonverbalen Reaktionen an – darf ich das dann?"). Wenn der Klient dazu seine Erlaubnis gibt, kann man fragen, welche Bedeutung der Klient selbst dieser nonverbalen Komponente gibt oder was er dabei erlebt. Das kann dann zu hypothesengeleiteten Verallgemeinerungen genutzt werden. Ein Beispiel: Auf die Frage an einen Klienten, welche Bedeutung er selbst seinem beständigen Lächeln während seiner Erzählung über die Beziehung zu seinem Vater gibt, sagt der Klient nach einigem Nachdenken: „Ich schäme mich für das, was ich Ihnen dabei über mich berichte!". Diese „Selbstscham" konnte als wichtiger Aspekt in die weitere Fallkonzeption eingebaut werden.

**Mustererkennung:** Muster bestehen aus Wiederholungen. Sie zu erkennen, ist per definitionem eine komplexitätsreduzierende Verallgemeinerung: Interaktionsmuster bzw. interaktionelle „Spiele" oder „Tänze" im Klientensystem oder in der therapeutischen Beziehung. Jede Klientennarration folgt einem bestimmten Muster – z. B. einem Opfer-Täter-Schema oder einer „Heldenstory". Um solche Muster zu beobachten und zu identifizieren, bedarf es eines emotionalen und intentionalen Abstands dazu.

> Das interaktionelle Muster des Paares Grohl auf Verhaltensebene war nicht explizit Thema der Stunde. Es liegt aber auf der Hand, worum es dabei gehen und was man dazu fragen könnte: Wie teilt man sich im Paar gegenseitig direkt oder indirekt mit, wenn man einen Wunsch oder eine Erwartung an den anderen hat? Wie reagiert dieser dann darauf? Welches Muster ergibt daraus und welchen Regeln folgt das? Bei der späteren Hypothesentransparenz des Therapeuten gegenüber Herrn Grohl ging es dann auch um ein solches interaktionelles Muster.

**Hypothesentransparenz mit Sicherung des Common Ground:** Welchen „Fall" sich der Therapeut aus dem konstruiert, was der Klient erzählt, kann und sollte dem Klienten transparent vermittelt werden. Wichtige Bestandteile einer konstruktiven Hypothesentransparenz sind: (1) Einholung der Zustimmung, dass eine Hypothese mitgeteilt wird; (2) sprachliche Klarheit in der Hypothesenpräsentation; (3) Widerspruchsermöglichung für den Klienten, wenn die Hypothese für ihn nicht passt. Die Kombination aller drei Elemente sichert den Common Ground.

> Der Therapeut teilt Herrn Grohl mit, dass er sich eine Hypothese gebildet hat:
> - *Therapeut*: „Ich habe eine Idee dazu, wie Sie die Beziehung zu Ihrer Frau gestalten."
> - *Klient*: „Jaja!" (Er drückt damit aus, dass er das hören will.)
>
> Der Therapeut teilt nun zuerst seine Hypothese über ein Beziehungsmuster mit einer Partnerschaftsregel mit und danach die dazu, warum das Paar damit in eine Sackgasse bzw. eine Beziehungsfalle geraten ist.
> - *Therapeut*: „Ich möchte Ihnen sagen, was ich damit meine, dass Sie in einer Sackgasse stecken."
> - *Klient* (interessiert): „Ja!"
>
> Muster- und Regelhypothese mit positiver Bewertung:
> - *Therapeut*: „Wenn ich das positiv beschreibe, dann achten Sie beide sehr aufeinander. Sie vermeiden Situationen, in denen der eine dem anderen nicht gut-

tut. ... Sie haben einen hohen Respekt oder eine Sorgfalt gegenüber Ihrer Frau. Also kennzeichnet Ihre Partnerschaft, dass keiner vom anderen etwas will, von dem er annimmt, dass das dem anderen nicht guttut."
- *Klient* äußert verbal und nonverbal hohe Zustimmung.

Sackgassen- bzw. Beziehungsfallenhypothese:
- *Therapeut*: „Soweit ist alles gut. Jetzt komme ich zur Idee der Falle: Meine These ist, dass Sie eine große Sehnsucht haben, dass der Mensch, der Ihnen wichtig ist, sich Ihnen von sich aus und gerne zuwendet. ... Können Sie dem zustimmen?"
- *Klient*: „Ja, ganz heftig!" Er erläutert, dass er das explizit von Machtwünschen in einer Beziehung unterscheide.
- *Therapeut*: „Meine These dazu ist: Genau das haben Sie bei Ihrer Mutter vermisst – aber das ist nur meine Spekulation. Nun zurück zur Falle in Ihrer Beziehung. ... Staunen Sie jetzt nicht – ich formuliere das mal so: Sie belasten Ihre Frau oder Ihre Partnerschaft mit einer Erwartung, die Ihre Frau gar nicht einlösen kann: Sie kann nicht Ihnen zuliebe gerne ‚naturjoggen', wenn sie das nun mal nicht gerne tut."
- *Klient*: „Ja, das ist paradox."
- *Therapeut*: „... entweder müsste Sie es gerne von Herzen und mit Freude machen oder es ist Ihnen nichts wert."
- *Klient*: „Ja." (Womit er ebenso Verstehen wie Zustimmung signalisiert.)

Der Therapeut teilt noch mit, dass es dafür in der Psychotherapie den Begriff der „Sei-spontan-Paradoxie" gebe. Und dass die Falle für ihn auch darin bestehe, dass er so nicht bekommen oder annehmen könne, was er auf Verhaltensebene vom anderen brauche.

Diese Hypothese beinhaltet für den Klienten eine ganz neue Sicht auf seine Partnerschaft. Der Therapeut fragt daher – auch zur Sicherung des Common Ground –, ob diese für ihn ein „Erdbeben" hinsichtlich seines Bildes von seiner Partnerschaft sei. Der Klient antwortet humorvoll: „Ein Beben schon, aber wir sind ja nicht in Italien ..."

Der Therapeut führt zusammen mit dem Klienten diese Hypothese dann noch dahingehend aus, was er mit dieser „verallgemeinerten Fallkonzeption" konkret verändern oder lernen könnte. Damit wird wieder der Weg von der Verallgemeinerung zurück zum fallbezogenen Konkreten im Leben des Klienten beschritten. Am Ende der Stunde wird vereinbart, dass er sich in der Beziehung zu seiner Frau daraufhin beobachte, wann und wie dieses Thema eine Rolle spiele. In der nächsten Stunde solle er dann darüber berichten. Herr Grohl äußert sich zufrieden mit dieser Therapiestunde.

## Literatur

Bergmann, J. (2014). Der Fall als Fokus professionellen Handelns. In J. R. Bergmann, U. Dausendschön-Gay & F. Oberzaucher (Hg.) (2014), *Der Fall. Studien zur epistemischen Praxis professionellen Handelns* (S. 16–33). Bielefeld: Transcript.

Bindernagel, D., Krüger, E., Rentel, T. & Winkler P. (2012). *Schlüsselworte: Idiolektische Gesprächsführung in Therapie, Beratung und Coaching.* Heidelberg: Carl Auer.

# 6 Kein Klient ist „der Fall" von irgendwas – Das Spannungsfeld von individueller Fallkonzeption, Prozesssteuerung und Verallgemeinerung

*Günter Schiepek*

Es kommt der Psychologie und Psychotherapie nicht ungelegen, die Welt in polaren spannungsgeladenen Dimensionen zu beschreiben. Dichotomisierungen werden in der Psychologie (Einzelfallbeschreibung/Idiografik vs. Suche nach allgemeinen Prinzipen/Nomothetik) und der Psychotherapie (Vorgabe von Veränderungsschritten/Manualisierung vs. Sensitivität für den Prozess/Prozesssteuerung) oft als dialektisches Mittel eingesetzt, um konzeptuelle Aspekte auf den Punkt zu bringen, wie der Beitrag von Hans Lieb in diesem Band eindrücklich aufzeigt. Die Betrachtung des Einzelfalls beispielsweise war in der Psychologie schon seit Anbeginn eine wichtige Erkenntnisquelle und auch in der Psychotherapie die Grundlage für klinisches Handeln, so zum Beispiel in der klienten- bzw. personzentrierten Therapie nach Rogers oder in der frühen Verhaltenstherapie (vor deren medizinischer Wende in den 1980er-Jahren). Dem gegenüber steht die Logik eines Vorgehens, das Personen (z. B. Klienten) oder zumindest deren Verhalten und Erleben in kategoriale Einheiten einteilt und daran das therapeutische Vorgehen ausrichtet. Das prominenteste Beispiel hierfür ist das medizinische Modell, das Personen Diagnosen zuweist und damit sowohl eine Erklärung für deren Verhalten und Erleben anbietet, als auch eine geeignete Behandlung verfügbar macht, üblicherweise eine weitgehend standardisierte, in Manualen und/oder Leitlinien festgeschriebene Behandlung. Aber auch außerhalb des medizinischen Modells gibt es Beispiele für solche Kategorisierungen, z. B. in der systemisch-ressourcenorientierten Therapie die Einteilung von Klienten in „Besucher", „Klagende" und „Kunden" mit entsprechenden Erklärungen ihres Engagements in der Therapie und empfohlenen Vorgehensweisen (de Shazer, 1989).

## 6.1 Einzelfallorientierung

Einzelfallorientierte Vorgehensweisen dagegen versuchen, Klienten oder Personen nicht zu klassifizieren (z. B. nach Charakteren oder Typen), sondern differenzierte Modelle zu entwickeln bzw. zu konstruieren, mit deren Hilfe sich Kognitionen, Emotionen und Verhalten erklären und zugleich verstehen lassen. Modelle sind nicht die Wirklichkeit, sondern per definitionem perspektivisch, abstrahierend und selektiv (Stachowiak, 1978). Sie sind abhängig von den Voraussetzungen und Möglichkeiten der Konstrukteure sowie von Vorabinformationen, aber auch von Randbedingungen und Konstruktionsregeln. Sie sind meist multiperspektivisch, integrieren verschiedene Teilhypothesen in ein systemisches Gefüge und eröffnen vielfältige Ansatzpunkte, sind aber in keiner Weise „ganzheitlich", umfassend oder vollständig. Ihre Erstellung sollte nicht nur bestimmten Regeln folgen, sondern auch nachvollziehbar und überprüfbar sein. Sofern Modelle von Therapeutin und Klientin ko-kreiert werden, ist damit auch eine verstärkte Selbstbestimmung und Selbstverantwortung der betreffenden sich selbst modellierenden Person(en) intendiert.

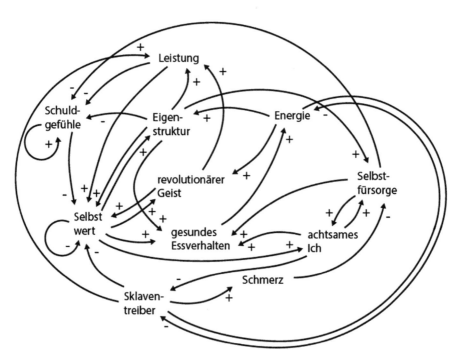

**Abbildung 6-1:** Beispiel für ein idiografisches Systemmodell

Die kollaborative Qualität von Psychotherapien wird in vielen Ansätzen aufgegriffen. Ein Beispiel für eine solche ko-kreative Vorgehensweise ist die idiografische Systemmodellierung (Schiepek, 1986), bei der versucht wird, die relevanten Variablen eines psychosozialen Systems oder Problemszenarios gemeinsam mit dem Klienten zu identifizieren, diese Variablen bzw. Konstrukte möglichst präzise zu benennen und schließlich deren wechselseitigen Wirkungen und Vernetzungen zu veranschaulichen und zu verstehen (Abbildung 6-1). Die Therapeutin folgt dabei weitgehend den Beschreibungen des Klienten, durch die sukzessiven Vernetzungen und Rekursionsschleifen zwischen den Variablen ändert sich allerdings dessen Selbst- und Weltverständnis grundlegend – von einer linearen zu einer systemisch-vernetzten Sichtweise. Man könnte das als kognitiv-emotionale Umstrukturierung bezeichnen.

> **Fallbeispiel**
>
> **Das Vorgehen der idiografischen Systemmodellierung**
>
> Der Ausgangspunkt ist ein Interview zum Problemszenario des Klienten, wobei auch Problemlöseversuche, Copingstrategien, Ausnahmen von Problemen und konstruktive Umgangsformen mit diesen erfragt werden. Während der Erzählung macht sich der Therapeut Notizen zu den Teilprozessen oder Begriffen, die als Komponenten des Systemmodells verwendet werden können. Dafür kommen „Variablen" infrage, deren Ausprägung sich in der Zeit ändert. Die Variablen bezeichnen intraindividuelle oder interpersonelle Aspekte eines umfassenderen Systems, z.B. Kognitionen, Emotionen, Motive oder Verhaltensweisen. Sie werden in Form von theoretischen Konstrukten der Psychologie oder in der Alltagssprache formuliert.
> Nach der Sammlung der Systemkomponenten werden die Wirkungen der einzelnen Komponenten aufeinander grafisch in Form von Pfeilen dargestellt, welche im einfachsten Fall durch + oder – qualifiziert sind. + bedeutet eine gleichgerichtete Relation (z.B. „Je mehr Eigenstruktur im Tagesverlauf erlebt wird, umso gesünder das Essverhalten"), – bedeutet eine gegengerichtete Relation (Abbildung 6-1). Möglich sind direkte Wechselwirkungen, Schleifen, die mehrere Komponenten einbinden oder Rekursionen einer Variablen auf sich selbst (autokatalytische Effekte). Mit zunehmender Vernetzung der Komponenten werden Zusammenhänge deutlich, die vorher nicht gesehen wurden oder wo nur einseitige Ursache-Wirkungs-Relationen denkbar waren (nach dem Motto: „x ist schuld an y").
> Im Anschluss daran wird man einzelne Zusammenhänge und Rekursionsschleifen noch einmal detailliert durchgehen, um die Dynamik und Rückkopplung in entsprechenden Teilsystemen zu verdeutlichen. Darauf aufbauend werden Lösungsszenarien durchgespielt und Ansatzpunkte für Veränderungen herausgearbeitet.

Das Vorgehen stellt nicht nur einen expliziten Lernprozess im Sinne eines differenzierten und erweiterten Selbstverstehens (Klärungsperspektive; Grawe, 1998) dar, sondern auch einen impliziten im Sinne von kooperativer und ko-kreativer Beziehungsgestaltung – metakognitiv mentalisierend. Obwohl die Variablen der Systemmodelle mit Begriffen oder Konstrukten bezeichnet werden, ist der Konstruktionsprozess nicht „verkopft" (wie Hans Lieb befürchtet), sondern emotional und flowartig. Idiografische Systemmodelle bieten multiple Ansatzpunkte für Veränderung und liefern die Grundlage für ein differenziertes Prozessmonitoring (Schiepek, Stöger-Schmidinger, Aichhorn, Schöller & Aas, 2016a).

## 6.2
## Prozesssteuerung

Therapeutische Prozesse lassen sich durch Internet- oder appbasiertes Monitoring mit dem Synergetischen Navigationssystem (SNS) detailliert abbilden (Schiepek, Aichhorn & Schoeller, 2018a; Schiepek, Aichhorn, Schöller & Kronberger, 2018b; Abbildung 6-2). Die Datenbasis hierfür sind tägliche Selbsteinschätzungen, die Klientinnen unter Nutzung eines standardisierten oder individuellen Fragebogens durchführen. Für ein hochfrequentes (tägliches) Monitoring wurde der Therapie-Prozessbogen (Revidierte Fassung; TPB-R) entwickelt, während individuelle Fragebögen mit dem Klienten gemeinsam verfasst werden. Die Variablen eines Systemmodells werden in Fragen mit einer visuell-analogen Antwortskala übersetzt (z. B.: Mein Selbstwertgefühl war heute „gar nicht" bis „sehr hoch ausgeprägt"). Die Beantwortung erfolgt auf einem Laptop, Tablet oder Smartphone. Auch elektronische Tagebucheinträge sind möglich. Die resultierenden Zeitreihen und darauf basierende Analyseergebnisse werden gemeinsam mit dem Klienten besprochen, was zu einem detaillierten Feedback des Prozesses führt. Der persönliche Entwicklungsprozess hat damit sowohl einen Bezug zu der vom Klienten entwickelten Fallkonzeption (idiografisches Systemmodell) als auch zu den visualisierten Verläufen (Abbildung 6-3). Es handelt sich somit um eine kooperative Prozesssteuerung auf Augenhöhe, bei der der Therapeut als Reflexionspartner, Begleiter und Coach auf dem Weg der Realisierung eines persönlichen Entwicklungsprojekts fungiert. Mögliche Effekte dieser Art von Therapiefeedback sind in Tabelle 6-1 zusammengestellt.

In dieser Konzeption von Therapie als dynamisches Schaffen von Bedingungen für Selbstorganisationsprozesse gibt es zwar eine theoretische Brille auf den Prozess, aber niemand ist „ein Fall" von irgendetwas. Es handelt sich um eine personalisierte Psychotherapie, wobei die Fallkonzeption individuell ist (bestehend allenfalls aus Konstruktionsregeln und Teilhypothesen, die aus dem Fundus der Psychologie stammen), die Indikatoren oder Messgrößen (d. h. die Items eines persönlichen Fragebogens) individuell sind und schließlich auch die Verläufe individuell sind. Es gibt keine Standardverläufe oder normative Phasen, und es gibt auch keine generellen oder diagnosespezifischen Ziele, sondern hochkomplexe Dynamiken, individuelle und selbstorganisierte Entwicklungsphasen und meist variable, sich verändernde Ziele.

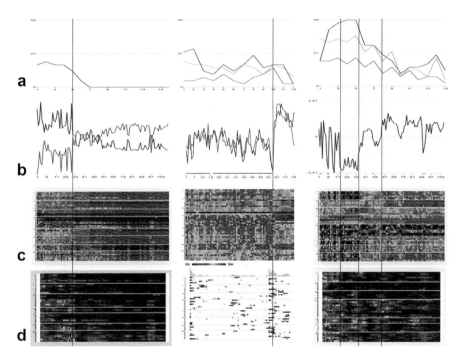

**Abbildung 6-2:** Prozessuale Muster psychotherapeutischer Veränderung, wie sie im Prozessmonitoring erkennbar werden (Synergetisches Navigationssystem; Schiepek et al., 2018a). Vertikale Linien machen die Ordnungsübergänge im Prozess deutlich. Links: Patient mit Zwangsstörungen; Mitte: Patient mit chronifizierter Depression (vgl. Schiepek et al., 2018b); rechts: Patientin mit Zwangsstörungen. (a) Wöchentliche Symptomeinschätzungen auf Basis des DASS-21. Links: Subskala Depression; Mitte und rechts: Subskalen Depression (blau), Stress (gelb) und Angst (rot). (b) Tägliche Selbsteinschätzungen auf Basis des Therapie-Prozessbogens Revised (TPB-R). Links: Symptom- und Problemintensität (blau) und Achtsamkeit/Körpererleben (rot); Mitte: Therapeutische Fortschritte/Zuversicht/Selbstwirksamkeit (blau) und Achtsamkeit/Körpererleben (rot); rechts: Therapeutische Fortschritte/Zuversicht/Selbstwirksamkeit (blau). (c) Rohdaten-Farbdiagramme. Blautöne: niedrige Werte, Orange- und Rottöne: hohe Werte von 47 in Zeilen angeordneten Items des TPB-R. (d) Komplexitäts-Resonanz-Diagramme. Links und rechts: Farbdiagramme (Blautöne: niedrige dynamische Komplexität, Orange- und Rottöne: hohe dynamische Komplexität) von 47 in Zeilen angeordneten Items des TPB-R. Mitte: Schwarz-Weiß Komplexitäts-Resonanz-Diagramm. Dunkelgraue und schwarze Pixel bedeuten hohe dynamische Komplexität.

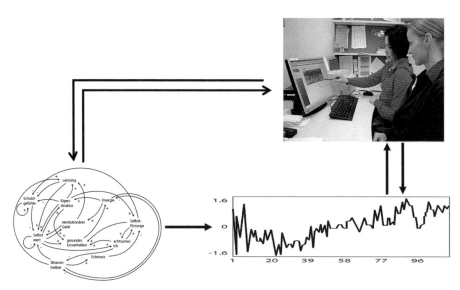

**Abbildung 6-3:** Psychotherapie als rekursiver Prozess aus idiografischer Systemmodellierung, Prozessmonitoring und SNS-basiertem Prozessfeedback (*continuous cooperative process control*)

**Die generischen Prinzipien:** Bedingungen für gelingende Selbstorganisationsprozesse in Psychotherapie und Beratung.
- *Stabilitätsbedingungen:* Psychotherapie bedeutet Destabilisierung im Kontext von Stabilität. Wenn Ordnungsübergänge mit kritischer Instabilität und mit der Destabilisierung von Mustern verbunden sind, dann ist es notwendig, zunächst stabile Rahmenbedingungen zu schaffen. Hierzu gehören strukturelle Sicherheit (Setting, Verstehbarkeit und subjektiv erlebte Transparenz des Vorgehens), die Beziehung und das Vertrauen zur Therapeutin sowie die Erfahrung von Selbstwirksamkeit, Kontrollierbarkeit und Handhabbarkeit, Zugang zu persönlichen Ressourcen, Selbstwertunterstützung des Patienten u. a.
- *Identifikation von Mustern des relevanten Systems:* Auf welches System beziehen sich die zu fördernden Selbstorganisationsprozesse? Es geht hier unter anderem um Methoden zur Darstellung und Analyse der psychischen und sozialen Netzwerke und Muster des/der Patienten (z. B. idiografische Systemmodellierung).
- *Sinnbezug:* Persönliche Entwicklungsprozesse sollten vom Klienten als sinnvoll erlebt werden und mit seinen zentralen Lebenskonzepten in Korrespondenz stehen. Dies gilt umso mehr, je problematischer und krisenhafter die momentane Lebenssituation ist.

**Tabelle 6-1:** Mehrwert und Nutzen von hochfrequentem Therapiefeedback

| Patienten | Therapeuten | Forschung |
|---|---|---|
| − Regelmäßige Beschäftigung mit den Themen und Zielen der Therapie, alltagsnah und außerhalb der Sitzungen<br>− Motivation durch zeitnahe Rückmeldung von Veränderungen<br>− Erkennen prozessualer Muster, die im aktuellen Erleben nicht auffallen würden<br>− Expressives Schreiben elektronischer Tagebücher<br>− Unterstützt Selbstregulation und Selbstmanagement<br>− Mentalisierung und Achtsamkeitsfokussierung<br>− Differenzielle Wahrnehmung von Emotionen, Kognitionen und Verhalten<br>− Unterstützt die therapeutische Kooperation und die Qualität der Therapiebeziehung<br>− Regelmäßiges (z. B. tägliches) Ausfüllen strukturiert und vermittelt Sicherheit<br>− Fördert die Emotionsregulation<br>− Patienten fühlen sich in besonderer Weise wahrgenommen<br>− Erleichtert den Transfer zwischen Therapie und Alltag/Lebenswelt | − Liefert Informationen für Fallkonzeptionen und funktionelle Bedingungsanalysen<br>− Unterstützt die therapeutische Beziehung<br>− Liefert roten Faden und Informationen für die feedbackbasierten Therapiegespräche<br>− Früherkennung von therapeutischen Krisen oder Stagnationen<br>− Vermittelt Sicherheit im Vorgehen<br>− Liefert die Datenbasis für therapeutische Mikroentscheidungen (adaptive Indikation)<br>− Vermittelt theoretischen Bezug (Therapie als Selbstorganisationsprozess)<br>− Evaluation der Therapien<br>− Erlaubt Hinweise auf nichtlineare Eigenschaften (z.B. Ordnungsübergänge, kritische Instabilitäten) des Therapieprozesses<br>− Erlaubt die Individualisierung und Personalisierung des Vorgehens<br>− Liefert Grafiken und Daten für Berichte, Überweiser und Gutachter<br>− Fördert die Rolle von Therapeuten als „scientist practitioner" | − Liefert alltagsnahe und praxisnahe Daten über Prozess und Outcome<br>− Liefert eine Kombination aus quantitativen (Zeitreihen) und qualitativen Daten (elektronische Tagebücher)<br>− Hohe ökologische Validität und Praxisrelevanz<br>− Perfektes Datenmaterial für Kasuistiken<br>− Kombiniert idiografische und nomothetische Forschung<br>− Nimmt nichtlineare Prozessanalysen bereits im System vor (kein Datenexport notwendig)<br>− Flächendeckender Einsatz liefert „big data" |

- *Kontrollparameter und Veränderungsmotivation:* Analog zur Interpretation von Kontrollparametern als Energielieferanten setzt Selbstorganisation im weitesten Sinne die energetische Aktivierung eines Systems voraus. Hier geht es um die Herstellung motivationsfördernder Bedingungen, um die Aktivierung von Ressourcen, um die Intensivierung von Emotionen und um die emotionale und motivationale Bedeutung von Zielen, Anliegen und Visionen.
- *Destabilisierung und Fluktuationsverstärkung:* Psychotherapie bedeutet, dem Klienten neue, veränderte Erfahrungsmöglichkeiten zu eröffnen. Bestehende Muster werden destabilisiert und es treten Inkongruenzen auf, die zunächst irritierend wirken. Diese gilt es zu erkennen und zu nutzen. Im Sinne eines „deviation amplifying feedback" (abweichungsverstärkende Rückkopplung) befindet sich der Klient zunehmend ausgeprägter und auch länger in anderen, mit neuen und emotional relevanten Erfahrungen assoziierten Zuständen.
- *Kairos, Resonanz und Synchronisation:* Therapeutische Heuristiken sollten zum aktuellen kognitiv-emotionalen Zustand des Klienten passen. Die zeitliche Passung und Koordination der Vorgehensweisen und des Kommunikationsstils des Therapeuten mit den psychischen und physiologischen Prozessen und Rhythmen des Klienten sind Voraussetzung wie auch Merkmal gelingender therapeutischer Arbeit.
- *Gezielte Symmetriebrechung:* „Symmetrie" bedeutet, dass mehrere Attraktoren oder Ordner eines Systems im Zustand kritischer Instabilität potenziell mit ähnlicher Wahrscheinlichkeit realisiert werden können. Da kleine Fluktuationen über ihre Realisation entscheiden können, ist eine Vorhersehbarkeit der weiteren Entwicklung kaum möglich. Um Symmetriebrechungen in eine gewünschte Richtung zu lenken, kann man sich bestimmter „Hilfestellungen" bedienen. So lassen sich einige Strukturelemente eines neuen Ordnungszustandes z. B. in Rollenspielen oder mithilfe von Übungen realisieren. Gezielte Zustandsrealisierungen bedienen sich insbesondere der Intentionalität und Antizipationsfähigkeit des Menschen, was konkret über imaginierte Zielzustände oder die kognitive Antizipation von Verhaltensweisen erfolgt.
- *Stabilisierung neuer Muster:* Wenn im Therapieprozess positiv bewertete Kognitions-Emotions-Verhaltens-Muster erreicht wurden, gilt es, diese zu stabilisieren, zu automatisieren und verfügbar zu halten. Maßnahmen zur Stabilisierung und Generalisierung kommen hier ins Spiel, z. B. Wiederholung, Variation, Nutzung in unterschiedlichen Situationen und Kontexten, positive Verstärkung. Schließlich wird es darum gehen, die neuen Muster in bestehende Selbstkonzepte zu integrieren.

## 6.3
# Verallgemeinerung: Theorie mit Einzelfallbezug

Der theoretische Bezug für das Verständnis menschlicher Veränderungs- und Entwicklungsprozesse kann sinnvollerweise in den Komplexitätswissenschaften gesehen werden, d.h. in Chaostheorie (z.B. Strogatz, 2014; Strunk & Schiepek, 2006) und Synergetik (Haken & Schiepek, 2010; Schiepek, Heinzel, Karch, Ploederl & Strunk, 2016b). Beide theoretischen Ansätze erklären und analysieren – mit unterschiedlichen Schwerpunkten – die Entstehung und den Wandel von dynamischen Mustern. Beide Ansätze erklären, wie und unter welchen Bedingungen Veränderung zustande kommt, wobei diese Bedingungen speziell aus der Perspektive der Synergetik in den so genannten generischen Prinzipien ausformuliert wurden (Haken & Schiepek, 2010; Schiepek, Eckert, Honermann & Weihrauch, 2001; Schiepek, Eckert & Kravanja, 2013; vgl. auch Rufer, 2012). Beide Theorien machen deutlich, dass und warum Entwicklungsprozesse individualisiert betrachtet werden müssen. Die Gründe liegen (a) in der sensitiven Abhängigkeit der Prozesse von kleinen Unterschieden in den Startbedingungen und von Mikroeinflüssen auf die Dynamik („Schmetterlingseffekt"), (b) in der zumindest in bestimmten Wertebereichen der Kontrollparameter sensitiven Abhängigkeit der Prozessmuster von kleinen Unterschieden in den Werten eben dieser Kontrollparameter (Schiepek et al., 2017), (c) in der Rolle von kritischen Fluktuationen während Phasen der Instabilität für die weitere Systemdynamik und schließlich (d) im Auftreten von emergenten Schwellen in der Rückkopplung von Variablendynamik und Parameterdynamik eines Systems (Schöller, Viol, Aichhorn, Hüt, & Schiepek, 2018). Das Über- oder Unterschreiten einer solchen selbstorganisierten Schwelle kann darüber entscheiden, ob es zu einem Ordnungsübergang (Musterwechsel) kommt oder nicht.

Chaostheorie und Synergetik machen deutlich, warum Entwicklungsdynamiken nur sehr begrenzt oder gar nicht vorhersehbar und auch nicht linear steuerbar sind. Betrachtet man therapeutische Prozesse als Kaskade von Ordnungsübergängen, wird auch deutlich, warum therapeutische Praxis prozesssensitiv sein muss; Therapeuten und Klienten müssen über den Prozess informiert sein und sensibel auf diesen reagieren. Die theoretischen Ansätze lassen uns jedoch keineswegs mit leeren Händen dastehen, sondern geben uns Konzepte an die Hand,
- wie nichtlineare, selbstorganisierte Dynamiken verstehbar und förderbar sind (z.B. unter Nutzung der generischen Prinzipien),
- wie komplexe Systeme qualitativ und quantitativ modelliert werden können,
- wie Therapieprozesse gemessen und die resultierenden Zeitreihen analysiert werden können – und zwar mit dem SNS in praxistauglicher Weise,
- wie man statt illusorischer langfristiger Vorhersagen Frühwarnsysteme für produktive und problematische Krisen bauen kann,

- wie man von einer kategorisierenden Diagnostik zu einer „Diagnostik" von Stabilität und Instabilität dynamischer Systeme kommt, und schließlich
- wie eine kooperative und datengestützte Prozesssteuerung von Therapeutin und Klientin möglich ist.

Neben einem metatheoretischen bzw. paradigmatischen Rahmen einerseits und konkreten digitalisierten Technologien (z.B. dem SNS) für die Prozessgestaltung und Einzelfallmodellierung gibt es noch die Möglichkeit, eine konkrete Theorie der Psychotherapie auszuformulieren (Abbildung 6-4 und Abbildung 6-5). Die an Therapieprozessen beteiligten Variablen und Parameter werden darin konkret benannt, die Zusammenhänge zwischen diesen in Funktionen beschrieben und das gesamte Modell der Variablen und Parameterdynamik in gekoppelten nichtlinearen Gleichungen formalisiert. Interventionen lassen sich damit in Simulationen erproben und Experimente „in silico" – also am Computer – durchführen. Die „Vorhersagen" dieser allgemeinen Theorie der Psychotherapie sind sehr individuell, denn die simulierte Dynamik hängt von den konkreten Gegebenheiten eines Klienten ab: Start-

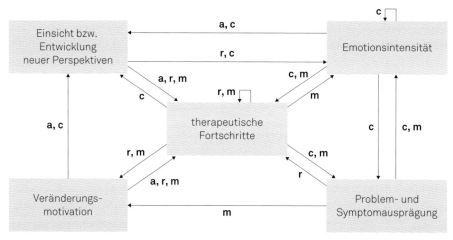

**Abbildung 6-4:** Struktur des Systemmodells psychotherapeutischer Wirkmechanismen. Es enthält fünf Variablen (*states*): Problem- und Symptomausprägung (P), therapeutische Fortschritte (S), Veränderungsmotivation (M), Emotionsintensität (E) und Einsicht bzw. Entwicklung neuer Perspektiven (I). Die Wechselwirkungen zwischen den Variablen sind in nichtlinearen Funktionen ausformuliert, wobei die Kontrollparameter des Systems (*traits* oder Dispositionen des Klienten) auf die Funktionen modulierend wirken (*a*: Qualität der Therapiebeziehung und Bereitschaft zur Kooperation; *m*: Belohnungs- und Selbstwirksamkeitserwartung; *c*: kognitive Kompetenzen, Mentalisierungs- und Emotionsregulationsfähigkeit; *r*: soziale Skills und Verhaltensressourcen). Zwischen der Dynamik der *states* und der *traits* (Kontrollparameter) werden Wechselwirkungen angenommen, welche die Persönlichkeitsentwicklung des Klienten und die Nachhaltigkeit der Therapie ausmachen.

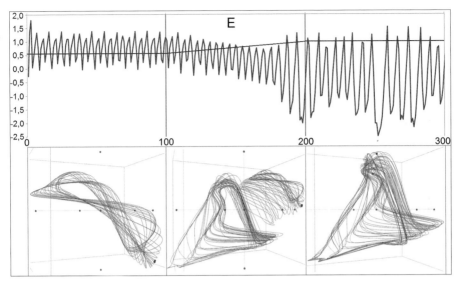

**Abbildung 6-5:** Beispiel für einen Ordnungsübergang, wie er im Computermodell simuliert werden kann. Dargestellt ist die Variable Emotionen. Der Ordnungsübergang (Wechsel des dynamischen Musters) kommt durch eine kontinuierliche Veränderung des Kontrollparameters $c$ zustande. (Die Veränderung des Kontrollparameters ist hier nicht simuliert, sondern vorgegeben, um das Prinzip eines parameterabhängigen Ordnungsübergangs in der Systemdynamik zu veranschaulichen.) Unter der Zeitreihe ist das Übergangsszenario der Attraktoren dargestellt. Verläufe, wie sie mit dem SNS in der therapeutischen Praxis erfasst werden, sehen sehr ähnlich aus.

werte, bisheriger Input in das System, Parameterwerte (traits; vgl. Abbildung 6-4), und andere.

Für die Psychotherapieforschung ist dabei relevant, dass die einzelnen „Wirkfaktoren", wie sie in Metaanalysen untersucht wurden (Wampold, Imel & Flückiger, 2018), nun in ihrem nichtlinearen Zusammenspiel verstanden und modelliert werden können. Es ist anzunehmen, dass die spezifischen und unspezifischen Wirkfaktoren der Psychotherapie nicht isoliert voneinander oder lediglich additiv wirken, sondern ein nichtlineares System bilden, welches selbstorganisierende Prozesse und emergente (d.h. nicht aus den einzelnen Faktoren heraus verstehbare) Muster hervorbringt. Wie beim menschlichen Genom ist auch in der Psychotherapie die Kenntnis der einzelnen Faktoren erst der Anfang: Wir brauchen die Epigenetik, also die Einsicht in systemische Zusammenhänge und die daraus resultierende nichtlineare Dynamik emergenter Muster. Damit wird auch klar, dass eine kontextunabhängige, d.h. ohne Kenntnis der Dynamik und des Zustands eines konkreten Klientensystems vorgenommene Beurteilung der Wirksamkeitsevidenz von Interventionen oder Behandlungstechniken nicht nur aus Gründen problematischer Studiendesigns fragwürdig (Shedler, 2018), sondern aus prinzipiellen Gründen schlichtweg unmöglich ist. Struktur und Dynamik von Klientensystemen „entscheiden" über die Effekte von Therapien, indem sie diese als selbstorganisierende Prozesse konkret realisieren: „Psychotherapy only becomes real when it unfolds during the course of therapy" (Wampold et al., 2017; Imel, Steyvers & Atkins, 2015).

## Literatur

de Shazer, S. (1989). *Wege der erfolgreichen Kurztherapie*. Stuttgart: Klett-Cotta.
Grawe, K. (1998). *Psychologische Therapie*. Göttingen: Hogrefe.
Haken, H. & Schiepek, G. (2010). *Synergetik in der Psychologie. Selbstorganisation verstehen und gestalten* (2. Aufl.). Göttingen: Hogrefe.
Imel, Z. E., Steyvers, M. & Atkins, D. C. (2015). Computational psychotherapy research: scaling up the evaluation of patient-provider interactions. *Psychotherapy, 52 (1)*, 19-30. http://dx.doi.org/10.1037/a0036841
Rufer, M. (2012). *Erfasse komplex, handle einfach: Systemische Psychotherapie als Praxis der Selbstorganisation*. Göttingen: Vandenhoeck & Ruprecht.
Schiepek, G. (1986). *Systemische Diagnostik in der Klinischen Psychologie*. Weinheim: Beltz/PVU.
Schiepek, G., Eckert, H., Honermann, H. & Weihrauch, S. (2001). Ordnungswandel in komplexen dynamischen Systemen: Das systemische Paradigma jenseits der Therapieschulen. *Hypnose & Kognition, 18 (1/2)*, 89-117.
Schiepek, G., Eckert, H. & Kravanja, B. (2013). *Grundlagen systemischer Therapie und Beratung*. Band 1 der Reihe „Systemische Praxis". Göttingen: Hogrefe.
Schiepek, G., Stöger-Schmidinger, B., Aichhorn, W., Schöller, H. & Aas, B. (2016a). Systemic case formulation, individualized process monitoring, and state dynamics in a case of dissociative identity disorder. *Frontiers in Psychology for Clinical Settings, 7*, 1545. https://doi.org/10.3389/fpsyg.2016.01545
Schiepek, G., Heinzel, S., Karch, S., Ploederl, M. & Strunk, G. (2016b). Synergetics in psychology: patterns and pattern transitions in human change processes. In A. Pelster & G. Wunner (Eds.), *Self-organization in complex systems: the past, present, and future of synergetics. Springer Series Understanding Complex Systems* (pp. 181-208). Berlin, Heidelberg: Springer.
Schiepek, G., Viol, K., Aichhorn, W., Huett, M. T., Sungler, K., Pincus, D. & Schoeller, H. (2017). Psychotherapy is chaotic - (not only) in a computational world. *Frontiers in Psychology for Clinical Settings, 8*, 379. https://doi.org/10.3389/fpsyg.2017.00379
Schiepek, G., Aichhorn, W. & Schoeller, H. (2018a). Monitoring change dynamics - a nonlinear approach to psychotherapy feedback. *Chaos & Complexity Letters, 11 (3)*, 355-375.
Schiepek, G., Aichhorn, W., Schöller, H. & Kronberger, H. (2018b). Prozessfeedback in der Psychotherapie. Methodik, Visualisierung und Fallbeispiel. *Psychotherapeut, 63 (4)*, 306-314. https://doi.org/10.1007/s00278-018-0272-6
Schöller, H., Viol, K., Aichhorn, W., Hütt, M. T. & Schiepek, G. (2018). Personality development in psychotherapy: a synergetic model of state-trait dynamics. *Cognitive Neurodynamics, 12 (5)*, 441-459. https://doi.org/10.1007/s11571-018-9488-y
Shedler, J. (2018). Where is the evidence for „evidence-based therapy"? *Psychiatric Clinics of North America, 41 (2)*, 319-329. https://doi.org/10.1016/j.psc.2018.02.001
Stachowiak, H. (1978). Erkenntnis in Modellen. In H. Lenk & H. Ropohl (Hrsg.), *Systemtheorie als Wissenschaftsprogramm* (S. 50-64). Königstein: Athenäum.

Strogatz, S. H. (2014). *Nonlinear dynamics and chaos: applications to physics, biology, chemistry, and engineering.* Boulder: Westview Press.

Strunk, G. & Schiepek, G. (2006). *Systemische Psychologie. Einführung in die komplexen Grundlagen menschlichen Verhaltens [Systemic Psychology. An Introduction to Complexity in Human Behavior and Cognition].* München: Elsevier.

Wampold, B. E, Imel, Z. E. & Flückiger, C. (2018). *Die Psychotherapie Debatte.* Göttingen: Hogrefe.

Wampold, B. E., Flückiger, C., del Re, A. C., Yulish, N. E., Frost, N. D., Pace, B. T., Goldberg, S. B., Miller, S. D., Baardseth, T. P., Laska, K. M. & Hilsenroth, M. J. (2017). In pursuit of truth: a critical examination of meta-analyses of cognitive behavior therapy. *Psychotherapy Research, 27,* 14–32. https://doi.org/10.1080/10503307.2016.1249433

# 7 Aufbau positiven Denkens im Spannungsfeld von Selbstabwertung, Selbstzweifeln und Selbstakzeptanz

*Dirk Zimmer*

Der Abschluss meines Psychologiestudiums fiel zusammen mit den 68er-Unruhen, aber auch mit der Einführung der Verhaltenstherapie in Deutschland.

Nachdem ich meine frühen Hoffnungen begraben hatte, die Welt mit dem damals hippen Mix aus Marxismus und Psychoanalyse in wenigen Wochen zu retten, lernte ich während meiner Praktika in der Psychiatrie und in der Eheberatung eine andere Form von Hoffnung kennen, die aus der geduldigen Arbeit mit schwer belasteten Patienten erwachsen kann. Nicht aufzugeben, den Optimismus zu bewahren, wenigstens kleine Schritte zur Besserung von Leid und zur Wiedergewinnung von Selbstbestimmung zu gehen, befriedigte mich nun mehr als intellektuelle Diskussionen.

Aus diesen frühen Jahren sind mir einige Erfahrungen wertvoll geblieben, auch als ich danach an verschiedenen Universitäten forschte und später als Praktiker und Ausbildungsleiter einer Akademie mit jungen Therapeuten arbeitete. Diese Erfahrungen, aber auch spätere Erkenntnisse in der Arbeit als Verhaltenstherapeut möchte ich in sieben persönlichen Weisheiten zusammenfassen. Rückblickend haben viele dieser Erfahrungen Bezug zum Therapieziel „Selbstakzeptanz". Daher möchte ich zum Ende eine spezifische, mir wichtige Übung zum Aufbau von Selbstakzeptanz darstellen.

## 7.1 Psychotherapie ist unterstütztes Lernen

Lernen geht nicht nur über den Kopf, entscheidend sind emotional neue Erfahrungen, und zwar da, wo die Probleme stattfinden, also grundsätzlich im Alltag der Patientinnen außerhalb der Therapie. Nur darüber zu sprechen, hat begrenzten Nutzen. Ohne Anwendung, ohne Ausprobieren, ohne den Transfer nach draußen würde etwas Entscheidendes fehlen. Ich kann mit meinem schüchternen Patienten im Rollenspiel üben, seine Gedanken und Gefühle klarer auszudrücken, aber erst die Erfahrung, dass es möglich war, mit der eigenen Mutter anders zu sprechen, eigene Bedürfnisse und Grenzen zu formulieren, kann stabile Änderungen zur Folge haben.

Psychotherapie ist vieles, sie ist Ermutigung, Unterstützung, Vorbereitung auf das Draußen, Verarbeitung von Erfolgen und Scheitern. Aber die Grenzen zu verschieben, jeden Tag einen Schritt über den eigenen Schatten zu gehen, wurde mir ein wichtiges Prinzip. „Es gibt nichts Gutes, es sei denn, man tut es" (E. Kästner).

Etwas Neues zu wagen, macht Angst. Dies habe ich als junger Therapeut am eigenen Leib erfahren und versuche es in Gesprächen mit Patienten nicht zu vergessen. Als Cotherapeut in den Gruppentherapien zum Aufbau selbstsicheren Verhaltens sollte ich in Rollenspielen Modell sein, um Patienten diese Übungen zu erleichtern. Hier kam ich ebenso ins Schwitzen wie diese. Als Konsequenz habe ich mit Ärzten und Pflegenden die 100 Situationen des ATP[20] (Ullrich, Ullrich de Muynck, Grawe & Zimmer, 1979) durchgespielt und in der Stadt in vivo geübt. Hier habe ich mehr über mich und die Therapie gelernt als in vielen Seminaren.

Zwei Drittel meiner Arbeit mit den psychiatrischen Gruppentherapiepatienten bestand aus Übungen in der Stadt, in der Realität. Patienten unterstützten sich mit Rückmeldungen, wenn andere zum ersten Mal im Leben einen Pullover umtauschten, Informationen recherchierten, Grenzen setzten. Es waren die realen Erfahrungen, die den Rücken stärkten.

## 7.2
# Der Unterschied zwischen Therapeut und Patient

Als ich meinen Lehrtherapeuten Karl-Herbert Mandel später wiedersah und fragte, was er jungen Therapeuten gerne mitgeben möchte, meinte er, dass „es reiner Zufall sei, auf welcher Seite des Tisches" man sitze. Etwas andere Lebensbedingungen, und ich wäre der Patient. Was immer wir mit Patienten besprechen, die grundsätzliche Gleichwertigkeit als Mensch ist die Basis der Beziehung. Das wiederum darf nicht nur eine Einstellung sein, sie vermittelt sich im Verhalten, in der Art, wie wir mit Patienten umgehen.

Dennoch gibt es die Asymmetrie, die darin besteht, dass Patienten uns in der Krise in Anspruch nehmen können, dass wir ganz für sie da sind, dass wir aber nicht die Patienten anrufen, wenn wir selbst private Probleme haben. Da wir auch nur Menschen sind, kann es nötig sein, selbst gelegentlich supervisorische oder therapeutische Unterstützung anzunehmen. Das hat mir geholfen.

---

20 ATP = Assertiveness Training Programm

## 7.3
## Wir können nicht allen helfen

Mein früher Optimismus wurde deutlich frustriert, als ich merkte, dass Scheitern auch dazugehört. Schweren Herzens musste ich lernen, das Scheitern zu akzeptieren. Die Lebensumstände von Patienten, Krankheiten, manchmal auch deren mangelnde Bereitschaft zur Offenheit können dazu führen. Wichtiger ist, dass jeder Therapeut seine Grenzen kennt, sich heikler Themen oder Patiententypen bewusst ist und weiß, wo die Therapie schwierig werden kann. Hier gilt der Satz von Arnold Lazarus (mündl. Mitt. 1973): „Eines der wichtigsten Verfahren ist die Überweisung." Statt dem Anspruch, alles zu können und alle zu erreichen, ist Kooperation die Antwort. Wir müssen wissen, wer bei bestimmten Patienten kompetenter ist als wir.

## 7.4
## Wir können nicht nur aus eigener Erfahrung schöpfen

Ich bin keine Frau, kein Muslim, ich hatte noch nie Krebs. Wir wissen aber, dass die Glaubwürdigkeit von Therapeuten steigt, wenn Patienten spüren, dass Therapeuten ähnliche Werthaltungen oder Lebenserfahrungen haben. Mancher Mann tut sich leichter mit einem männlichen Therapeuten, mancher Suchtpatient mit Ex-Süchtigen. So überweise ich Patientinnen, die Probleme damit haben, Kinder und Beruf unter einen Hut zu bringen, lieber an eine Kollegin, die selbst Kinder hat. Selten können wir genau die passende Therapeutin mit dem richtigen Erfahrungshintergrund vermitteln. Aber wir lernen über die Jahre von unseren Patienten, indem wir die Kunst des „Nicht-Wissens" kultivieren und fragen, fragen, fragen. Wenn ich dann schließlich mehr verstanden habe, hat dies in der Regel auch im Kopf des Patienten etwas neu sortiert. Ähnliche Erfahrungen werden auch von Gesprächstherapeuten berichtet.

## 7.5
## Die Kunst und Notwendigkeit, sich überraschen zu lassen

Als junger Therapeut geriet ich unter Druck, wenn ich nach drei Stunden einen Antrag auf Kostenübernahme schreiben musste, inklusive Diagnostik und Planung. Heute kann ich es gut aushalten, wenn ich auch nach fünf Stunden nicht weiß, was ich nach zehn Stunden therapeutisch tun werde.

Planen ist wichtig: Therapieanträge sind der Versuch, alle Informationen der ersten Stunden zu gewichten. Aber die entscheidenden Informationen bekomme ich in der Regel dadurch, dass mein Plan nicht aufgeht. Insbesondere, weil die Erfahrungen außerhalb der Therapie entscheidend sind, ist Therapie im Sinne von A. Beck „empirische Kooperation" (Beck, Rush, Shaw & Emery, 1999). Erfahrungen riskieren, kann nur der Patient selbst. Sie zu sammeln, ist für Patienten, aber auch für Therapeuten ein großer „Realitätstest".

Als ich einem Ehepaar als Hausaufgabe eine wechselseitige Rückenmassage anriet, hatte die Partnerin dabei eine Panikattacke und Flashbacks eines frühen Vergewaltigungsversuches. Dies war ihr zuvor nicht bewusst gewesen, musste aber zu einer Modifikation der Übung führen. Nun übte sie vor allem, den Mann verbal bei der Massage zu lenken und sicherzustellen, dass er auf ein „Nein" oder „Stop" ihrerseits wirklich reagierte und ihr so die nötige Sicherheit gab.

Pläne und Diagnosen sind eine Hilfe, aber sie legen uns fest. Sich überraschen zu lassen, ist eine Kunst. Ich habe gelernt, dass es sich lohnt, eigene Lieblingshypothesen infrage zu stellen und zu prüfen, ob es nicht noch bessere Erklärungen gibt. Manchmal verstehen wir die Zusammenhänge erst nach Änderungsversuchen und deren Scheitern oder sogar erst, nachdem die Symptome bewältigt wurden – also am Ende der Therapie.

## 7.6
## Das Gegenteil ist immer auch richtig: funktionales Denken

Gibt es das richtige Therapeutenverhalten, das richtige Beziehungsangebot? Sollen wir streng auf Regeln achten oder einen Freiraum bieten, in dem sich der Patient ausbreiten kann? Sollen wir strukturieren oder mitgehen? Sollen wir Sicherheit geben oder zu Risiken ermutigen? Sollen wir akzeptieren oder konfrontieren? Jede Alternative kann weiterführend sein oder auch falsch. Gute Therapeuten aller Schulen stellen sich flexibel darauf ein, was für diesen konkreten Patienten mit seiner Bedürfnisstruktur, seinen Lebenserfahrungen, bei dieser Lernaufgabe, in dieser Phase der Therapie vermutlich hilfreich ist (Zimmer, 1983).

Ist Empathie etwas Gutes? Viele Patienten leben von der Empathie des Therapeuten und fühlen sich zum ersten Mal verstanden. Aber Empathie ist nicht immer gut. In der Arbeit mit Phobikern oder Zwangspatienten führt viel Verständnis für den Wunsch, das Angstobjekt zu vermeiden, zu schlechteren Therapieergebnissen.

Auch Grawe empfiehlt, zu Beginn interaktionell von uns vermutete Hintergrundbedürfnisse zu befriedigen (z. B. nach Schutz oder Kontrolle), später aber zunehmend zu frustrieren, um Lernen anzustoßen (Grawe, 1992).

## 7.7
# Manualisiertes und individualisiertes Vorgehen

Damit man Forschung nachvollziehen kann, soll das dortige therapeutische Vorgehen manualisiert sein. Da Patienten aber hochindividuelle Probleme und oft komorbide Störungen haben, benötigen wir immer eine individuelle Problemanalyse (Caspar & Grawe, 1994). Hier empfinde ich ähnlich wie die meisten Therapeuten, die Manuale ablehnen.

Andererseits: Wenn Patienten große Ähnlichkeit mit denen einer Studie haben, wäre es hoch problematisch, wenn wir das nicht berücksichtigten. Wissenschaftliche Erkenntnisse sollten auch zur Korrektur unseres Vorgehens führen. Die meisten Angst- und Zwangspatienten bekommen nicht das wirksamste Verfahren in der Verhaltenstherapie, weil (zu) viele Verhaltenstherapeuten moderne Expositionsverfahren nicht verstehen oder sich nicht entsprechend fortbilden. Auch Manuale können helfen, genau hinzuschauen und im Kleinen und Feinen zu arbeiten.

Das Erlernen der empirisch fundierten Verfahren in der Ausbildung zur Verhaltenstherapie ist der weniger schwierige Teil, die flexible Umsetzung bleibt dagegen eine Kunst (Kanfer, Reinecker & Schmelzer, 1996).

### 7.7.1
**Beispiel: Wiedergewinnung von Selbstakzeptanz**

Im Folgenden möchte ich eine spezifische Variante kognitiv-emotionaler Therapie darstellen, um zu zeigen, dass es auf die einzelne Formulierung ankommen kann. Es geht um das Thema „Selbsthass", der nicht nur bei Depressiven therapeutische Bemühungen blockieren kann.

Das negative Selbstbild ist mehr als Beschreibung des Selbst. Es wirkt – verbunden mit dem negativen Affekt – als Filter und verhindert die Wahrnehmung und Speicherung von positiven Erfahrungen. Man kann den Zustand schwerer Depression mit einem imperialistischen Staat vergleichen, in dem abweichende Meinungen nicht toleriert werden (Teasdale, 1997).

Tragisch ist, dass dieser Zustand Lob und Verstärkung durch andere nicht mehr zulässt. Angehörige, Freunde und Therapeuten stellen enttäuscht fest, dass freundlich gemeinte Rückmeldungen oder das Auflisten von Erfolgen und persönlichen Stärken einem hartnäckigen Festhalten an der Abwertung des Selbst zum Opfer fallen.

Leicht entsteht ein Machtkampf zwischen positiver und der negativer Perspektive, wobei die negative Position die stärkere ist. Das ist auch für Therapeuten schwer auszuhalten.

Depressives Denken verläuft nicht als bewusstes, planerisches Denken. Es ist schnell, verallgemeinernd und absolut, oft vorbewusst und daher sehr änderungsresistent. Patienten denken nicht, dass sie denken. Im Gespräch werden keine Gedanken beschrieben, sondern Fakten („So ist es!"), darin sind sie sich völlig sicher. Diese Sicherheit führt zu einer ausgeprägten Intoleranz für abweichende Meinungen: Aktuelle Erfahrungen, die der negativen Deutung widersprechen, werden ebenso wenig zugelassen wie positive Erinnerungen.

In der kognitiven Depressionstherapie werden nun die zentralen Gedanken exploriert, die am engsten mit dem negativen Gefühl der Depression verbunden sind. Die sokratische Gesprächsführung von A. Beck stellt dann eine Kunst behutsamen Fragens dar, mittels derer Patienten selbst nicht beachtete frühere und aktuelle Erfahrungen zu nutzen lernen, um die negativen Schlüsselkognitionen zu hinterfragen (Hautzinger & Pössel, 2017).

Leider reicht es nach meiner Erfahrung oft nicht aus, selbstabwertende Gedanken zu schwächen. Positives, selbstakzeptierendes Denken muss meist neu entwickelt werden.

Die Arbeit an der Selbstabwertung zielt nicht auf unkritische Selbstüberhöhung. Ziel ist vielmehr ein Selbstbild, bei dem trotz bestehender Schwächen und Schattenseiten auch die liebenswerten Seiten, die kleinen Erfolge gesehen, akzeptiert und integriert werden.

Bei vielen Patienten finde ich eine Art Doppelmoral: Für die eigene Person werden unerträglich hohe Kriterien für Selbstakzeptanz angelegt, anderen gegenüber aber durchaus menschliche Kriterien. Das hilft bei der folgenden Übung.

## 7.8
## Übung zum Aufbau eines positiven Selbstbildes

> **Fallbeispiel**
>
> Im Folgenden möchte ich mich auf den Fall einer hübschen jungen Frau beziehen, Anfang 30, verheiratet. Sie kam wegen Depression und einer starken Eifersuchtsproblematik in die Therapie. Wie so häufig stand das negative Selbstbild in großem Kontrast zu den Aussagen anderer. Ich glaubte dem Mann seine Zuneigung, die aber durch eifersüchtige Kontrollen und bohrende Fragen seiner Frau starken Belastungsproben ausgesetzt war. Seine unregelmäßigen Arbeitszeiten in einem Logistikunternehmen sah die Patientin als Beleg seiner Untreue. Sie kontrollierte sein Telefon und tätigte regelmäßige Kontrollanrufe, um zu sehen, wo er war und was er tat. Sie war überzeugt, dass er ein Idiot sein müsse, weil er sich auf sie als Partnerin eingelassen habe, und auch davon, dass er die Heirat inzwischen bereue. Die gegenteiligen Beteuerungen seinerseits halfen nichts. Wie so oft war ihr negatives Denken weniger durch reale gegenwärtige Probleme erklärbar als durch

> frühe Ablehnungen und emotionale Deprivation bei einer vermutlich psychiatrischen kranken Mutter. Mit acht Jahren musste sie von ihrer Mutter hören, dass diese bereue, die Tochter nicht abgetrieben zu haben. Und wenn sie schon gekommen sei, hätte sie wenigstens ein Junge werden sollen.
> Diese Zeit zu betrauern und sich kritisch mit der Kindheit auseinanderzusetzen, verschob ich auf einen Zeitpunkt der Therapie, an dem wir bereits daran gearbeitet hatten, Selbstakzeptanz zu erleichtern.

### 7.8.1
### Schritt 1: Psychoedukation

Patienten sollten lernen, nicht nur auf den Inhalt des Denkens zu achten. Selbstabwertung ist nicht nur ein inhaltliches Thema, bei dem man prüfen kann, ob sie berechtigt ist. Vielmehr ist Selbstabwertung ein Kernsymptom, das es therapeutisch zu bearbeiten gilt. Patienten können lernen, dass unser Hirn (leider) emotionsbezogen speichert, erinnert und filtert. Sind wir in einem negativen Affekt, erinnern wir nur passendes Material. Das ist unfair und nicht angemessen.

Selbstabwertung ist einer der möglichen aufrechterhaltenden Mechanismen der Depression: Sie spiegelt oft die erlittene schlechte Pädagogik von früher, bei der Bestrafung und Fehlerorientierung zur Besserung von Kindern eingesetzt wurden. Sie kann ein Versuch sein, sich selbst zu ändern. Das ist unangemessen, wirkungslos und schädlich.

Selbstabwertung ist folglich ein Problem, das therapeutisch angegangen werden sollte.

### 7.8.2
### Schritt 2: Suche nach menschlichen Kriterien der Bewertung

Hier nutze ich die Doppelstandards von Patienten, die in der Regel nur bei sich selbst unerreichbare Kriterien für Akzeptanz verwenden.

Die Ausgangsfrage ist: „Können Sie sich an einen Abend mit jemandem erinnern, an dem Sie sich mit dem anderen wohl gefühlt haben?"

Dann frage ich nach Verhaltenseigenschaften: „Was hat der oder die andere dazu getan, dass Sie sich wohl gefühlt haben?" „Wohlfühlen" ist etwas Anderes als „gut finden". Entscheidend ist das Kriterium einer angenehmen zwischenmenschlichen Erfahrung. Also nicht: „Was finden Sie an der Person gut?", sondern: „Was an deren Verhalten hat dazu geführt, dass Sie gern mit ihr zusammen waren, dass es ein schöner Abend für Sie wurde?"

Geduldiges Nachfragen, z. B. „Gab es noch etwas, was sie getan hat, was Ihnen gutgetan hat?", und schriftliche Notizen des Therapeuten führen zu einer Liste prosozialer Verhaltensweisen. Diese schreibe ich als Therapeut auf.

Beispielliste aus der Therapie der obigen Patientin:
- „Sie hat mich gefragt, wie es mir geht."
- „Sie hat gezeigt, dass sie mich so akzeptiert, wie ich bin. Ich musste mich nicht verstellen."
- „Sie hat mich zum Erzählen gebracht und gezeigt, dass sie interessiert daran ist, was ich erlebt habe."
- „Sie hatte den Mut, eigene Meinungen zu äußern und mir zu widersprechen, ohne mich dabei abzuwerten".
- „Sie hat von sich selbst erzählt, auch wenn das nicht nur Erfolge, sondern auch mal Peinlichkeiten waren."
- „Sie konnte über sich selbst lachen".

Kriterien, die sich aus dem Erleben, aus der Erinnerung der Patientin ableiten lassen, unterlaufen das Risiko der Reaktanz. Da die Kriterien später auf die Patientin selbst angewandt werden sollen, ist es von großer Bedeutung, keinen Widerstand gegen diese Kriterien zu riskieren.

Wenn die obige Eingangsfrage sich auf „wohlfühlen mit anderen" bezieht, werden nie Verhaltensweisen erwähnt, die Bewunderung auslösen sollen oder die arrogant eigenen Besitz oder eigene Erfolge betonen (Auto, Haus, Konto).

In der Regel ähneln die Listen anderer Patienten der obigen. Meine Mitschriebe sind notwendig, damit ich als Therapeut auch in späteren Stunden auf die Liste, also auf die Kriterien der Patientin, Bezug nehmen kann.

### 7.8.3
**Schritt 3: Sammeln von hochspezifischen Erfahrungen positiven Verhaltens**

Jetzt wähle ich als Therapeut eine der Verhaltensweisen von der obigen Liste aus, von der ich mir relativ gute Chancen verspreche, dass die folgende Frage beantwortet werden kann, z. B.:
- „Können Sie sich an ein Beispiel erinnern, an eine Situation aus den letzten ein, zwei Wochen, wo Sie selbst einmal jemand gefragt haben, wie es der Person geht?"

Solche Berichte schreibe ich wieder auf und stelle ggf. Nachfragen zum Effekt dessen, was die Patientin versucht hat:
- „Also, vor zwei Wochen haben Sie Ihre Nachbarin im Krankenhaus besucht und gefragt, wie es Ihr geht: Wie hat die darauf reagiert? Was denken Sie, wie die Nachbarin das erlebt hat? Aha, sie hat sich darüber gefreut."

Geduldiges Nachfragen ist notwendig: „Fallen Ihnen noch weitere Situationen ein, in denen Sie sich für das Befinden von jemandem interessiert haben?"

So entsteht eine zunächst sehr kleine Liste von einzelnen, hoch spezifischen Situationen, in denen Patienten ein Verhalten gezeigt haben, dass offensichtlich wertvoll für andere ist.

Das ist wichtig, denn das Gegengift gegen abstrakte negative Selbstaussagen können nicht abstrakte positive Selbstaussagen sein, sondern nur hoch spezifische Erfahrungen, die den Kriterien der Patienten genügen und die die Absolutheit negativen Denkens sprengen.

### 7.8.4
### Schritt 4: Umformulieren der Sätze und Minimierung von Widerstand

Als Nächstes lese ich der Patientin die Sätze vor und bitte um Feedback. „Ich lese Ihnen jetzt vor, was ich mitgeschrieben habe und bitte Sie, mir zu helfen, diesen Satz so lange umzuformulieren, bis Sie ihn okay finden und so stehen lassen können."

Das führt gelegentlich zu Abschwächungen, die mir nicht immer gefallen, die ich aber meist akzeptiere, um den geringen Akzeptanzspielraum der Patienten nicht zu überfordern.

Ein Beispiel: „Obwohl ich eigentlich ein schweigsamer und distanzierter Mensch bin, habe ich letzten Mittwoch doch mit dem Nachbarn am Gartenzaun kurz geredet und ihn gefragt, wie es ihm nach seiner Bandscheiben-OP jetzt geht. Er hat gelächelt und sich anscheinend über die Frage gefreut."

Es sind (a) die Kriterien der Patienten zur Bewertung von Verhalten, es sind (b) die realen hochspezifischen Erfahrungen und Erinnerungen der Patienten und es sind (c) die Umformulierungen der Patienten, die verhindern können, in den oben beschriebenen Machtkampf zwischen negativer Selbstbeschreibung und positiven Gegenkognitionen zu fallen.

Entsprechend sind Geduld und Behutsamkeit gefragt. Wie so oft gelang es mir bei der erwähnten Patientin in der ersten Stunde nur, drei kleine positive Erinnerungssätze zur formulieren und aufzuschreiben.

## 7.8.5
### Schritt 5: Hausaufgaben: selbst abschreiben, lesen und Liste ergänzen

(1) Nun bitte ich die Patienten als Hausaufgabe, die von mir mitgeschriebenen Sätze handschriftlich abzuschreiben, jeweils auf eine Karte oder in ein Therapieheft. Manche tippen das lieber in den Computer. Das „Selberschreiben" hilft.

(2) Als Nächstes fordere ich die Patienten auf, die Liste mit den konkreten Beispielen mehrmals am Tag zu lesen. Dabei sollen sie die Sätze lesen, ohne darüber nachzudenken. Als Erklärung biete ich Patienten das Konzept einer Art neuronaler Bahnung an: Häufigere Aufmerksamkeit auf die Sätze erleichtert deren Aktivierung und schwächt den negativen Filter.

(3) Wenn ich es Patienten zutraue, bitte ich sie, jeden Tag wenigstens eine weitere Situation zu notieren, die auch zu dem von uns gerade bearbeiteten Kriterium passt (z. B. „Wo habe ich Anteilnahme ausgedrückt?").

Diese Erinnerungen werden in den kommenden Stunden gemeinsam umformuliert, bis sie akzeptabel sind und auf die Liste genommen.

## 7.8.6
### Auswirkungen der Übung

Immer wieder habe ich einen Schneeballeffekt erlebt. Der Erinnerungsfilter ändert sich und erlaubt nun auch positive Erinnerungen. Die Listen mit den positiven Beispielen werden länger und die Absolutheit der negativen Selbstaussagen sinkt.

Die oben beschriebene Patientin war nach etwa zehn Stunden immer noch leicht depressiv, aber weniger auf absolute Negativität fixiert. In der Therapie fielen jetzt andere Interventionen zum Aufbau von Selbstfürsorge und Selbstsicherheit leichter.

Das führte auch zu einer veränderten Ausstrahlung: Circa drei Monate nach Beginn dieser Intervention – die Liste positiver Sätze war auf über zwölf Seiten angewachsen – erzählte sie mir, dass sie öfters von Kolleginnen zum Kaffee eingeladen wurde, und auch, dass sie einem netten Mann sagen musste, dass sie schon verheiratet sei und keine neue Beziehung wünsche. Wer sich selbst akzeptieren kann, ist ein attraktiverer Gesprächspartner.

## 7.8.7
### Wie immer: Es geht auch anders

Eine Vielzahl weiterer Verfahren existieren innerhalb und außerhalb der Verhaltenstherapie, um Selbstakzeptanz und Selbstfürsorge aufzubauen. Hier möchte ich die wichtigen Bücher von Potreck-Rose (2003; Potreck & Jacob, 2006) empfehlen, in denen sie versucht, neben der selbstkritischen inneren Stimme einen freundlichen inneren Begleiter aufzubauen.

Gelegentlich verwende ich Rollenspiele, in denen Patienten z. B. dem – von mir gespielten – Vater sagen, was sie sich als Kind gewünscht hätten und wie verheerend einige seiner Aussagen gewirkt haben. Sie geben die schädlichen Indoktrinationen zurück. Die Form der „direkten Rede" halte ich für besonders wirksam.

Andere Patienten haben diese Inhalte als Brief formuliert, um den Brief dem toten Vater auf dem Friedhof vorzulesen.

Statt nur „darüber zu sprechen", ist es oft wirksamer, neue Kognitionen dadurch zu festigen, dass Patienten sich entgegen der alten Denkmuster „verhalten". Die reale Praxis, sich selbstfürsorglich oder selbstsicher zu verhalten – trotz noch bestehender Zweifel, „ob ich das darf" oder „ob mir das zusteht" – kann Einstellungen manchmal nachhaltiger ändern als reine Gespräche. Auf diese Weise kann auch die folgende Hausaufgabe wirken: „Bitte nehmen Sie sich jeden Morgen nach dem Frühstück fünf Minuten Zeit und versuchen, die folgende Frage zu beantworten: Wenn ich mein eigener bester Freund wäre, was könnte ich an diesem Tage für mich tun, damit es mir besser geht?".

Rückmeldung (operante Konsequenz) kann hilfreich sein. Um nicht in die Falle zu tappen, Selbstabwertung durch positive empathische Äußerung zu verstärken, versuche ich manchmal „Selbstabwertung als Problemverhalten" zu benennen und zu rügen („Ich weiß, dass Sie sich selbst fertigmachen können. Sie brauchen Ihren Vater gar nicht dazu. Aber das bringt nichts. Das macht alles nur schlimmer!"). Gelingen positive Selbstaussagen (wie oben beschrieben), ist die positive Wertschätzung durch Therapeuten wichtig („Ja, das finde ich auch.").

Bei weniger schweren Fällen ist es manchmal möglich, radikal umzuformulieren und die positiven Seiten des Selbstzweifels paradox zu betonen. Bei einer hübschen und intelligenten Studentin mit großen Zweifeln dazu, ob sie liebenswert sei, war Teil meiner Intervention, zu betonen: „Bitte behalten Sie einen Teil Ihrer Selbstzweifel, natürlich nicht so exzessiv wie jetzt. Aber bei Ihrem Aussehen und Ihren Fähigkeiten könnte das Ausräumen aller Selbstzweifel dazu führen, dass andere nicht mehr mit Ihnen zurechtkommen. Menschen ohne Selbstzweifel sind in der Regel nicht auszuhalten, sind arrogant und unerträgliche Partner. Und nur wenn Sie ein paar Selbstzweifel behalten, können Sie künftig auch einen Partner akzeptieren, der nicht perfekt ist. Die Fähigkeit, sich gegenseitig trotz unserer unfertigen Seiten zu lieben, ist die Basis dafür, dass Beziehungen klappen können."

Es ist nicht einfach. Aber sich selbst anzunehmen, in Kenntnis der eigenen Schwächen, mit der Erfahrung, lernen zu können, aber ohne den Anspruch, jemals perfekt zu sein, ist notwendig, um mit sich selbst und anderen in diesem schwierigen Leben zurechtzukommen.

## Literatur

Beck, A.T., Rush, J., Shaw, B. & Emery, G. (1999). *Kognitive Therapie der Depression*. Weinheim: Beltz.

Caspar, F. & Grawe, K. (1994). Was spricht für, was gegen individuelle Fallkonzeptionen? Überlegungen zu einem alten Problem aus einer neuen Perspektive. *Verhaltenstherapie*, 4, 186–196.

Grawe, K. (1992). Komplementäre Beziehungsgestaltung als Mittel zur Herstellung einer guten Therapiebeziehung. In: J. Margraf & J.C. Brengelmann (Hrsg.), *Die Therapeut-Patient-Beziehung in der Verhaltenstherapie* (S. 215–244). München: Gerhard Röttger Verlag.

Hautzinger, M. & Pössel, P. (2017). *Kognitive Interventionen*. Göttingen: Hogrefe.

Kanfer, F.H., Reinecker, H. & Schmelzer, D. (1996). *Selbstmanagement-Therapie*. Berlin: Springer.

Potreck-Rose, F. & Jacob, G. (2003). *Selbstzuwendung, Selbstakzeptanz, Selbstvertrauen. Psychotherapeutische Interventionen zum Aufbau von Selbstwertgefühl*. Stuttgart: Pfeiffer.

Potreck-Rose, F. (2006). *Von der Freude, den Selbstwert zu stärken*. Stuttgart: Klett-Cotta.

Ullrich, R., Ullrich de Muynck, R., Grawe, K. & Zimmer, D. (1979). *Soziale Kompetenz*. München: Pfeiffer.

Teasdale, J.D. (1997). The relationship between cognition and emotion: The mind-in-place in mood disorders. In D.M. Clark & C.G. Fairburn (eds.), *Science and practice of cognitive behaviour therapy* (pp. 67–93). Oxford, England: Oxford University Press.

Zimmer, D. (Hrsg.). (1983). *Die therapeutische Beziehung. Konzepte, empirische Befunde und Prinzipien ihrer Gestaltung*. Weinheim: edition psychologie.

# 8 Respektvoll, behutsam und genau …

*Ulrike Willutzki*

Zunächst eine kurze Vorbemerkung: Ich bin unsicher, ob und inwieweit ich zum Beitrag von Dirk Zimmer beitragen kann als „Forscherin". Mir ist bewusst, dass ich für diesen Kommentar bezüglich dieser meiner Identitäten angefragt wurde. Aber ich bin nicht so gut darin, meine verschiedenen „Anteile" als Psychotherapeutin, Forscherin und Lehrende sauber voneinander zu trennen. Und das gilt besonders für ein Thema wie das „positive Denken", das so nah an einem meiner Herzensthemen als Psychotherapeutin und Forscherin liegt, der Ressourcenaktivierung in der Psychotherapie. I'll do my very best.

Am Text von Dieter Zimmer haben mich vor allem zwei durchgängige Haltungen und Prinzipien beeindruckt:
- Zum einen die immer wieder deutlich bescheidene und selbstreflexive Haltung, und
- zum anderen die Genauigkeit und Präzision, mit der hier Unterscheidungen getroffen werden.

Auf diese beiden Punkte möchte ich mich im Folgenden konzentrieren und anschließend auf ihre Bedeutung für eine positive Perspektive in der Psychotherapie eingehen.

## 8.1 Zur Haltung – bescheiden und selbstreflexiv

Schon ab der Einleitung, der Beschreibung seines Weges in die Psychotherapie, mit all ihren Irrungen und Wirrungen, zieht sich dieses Thema bei Dirk Zimmer durch:

*Wie zufällig ist es doch, ob wir auf dieser (der Therapeutinnen-) oder jener (der Patientinnen-) Seite des Tisches sitzen!* Das wissen wir inzwischen recht gut aus der epidemiologischen Forschung (z. B. Jacobi et al., 2014): Die Mehrheit von uns wird im Laufe des Lebens in Situationen kommen, die uns überfordern – auch wenn wir uns das in der aktuellen Situation nicht vorstellen können.

*Wir können nicht nur aus eigener Erfahrung schöpfen* – manche Lebenswelten sind uns fremd. Und die Forschung zu Faktoren, die bei der Gestaltung des therapeutischen Angebots eine Rolle spielen zeigt, dass eine Anpassung an die kulturelle Orientierung, die Werte und den Lebensraum der Person sehr deutlich zum Therapieerfolg beiträgt (Norcross & Lambert, 2018).

Gleichzeitig können und wollen wir nicht darauf warten, dass uns die Patientin begegnet, die genau zu uns und unserem Erfahrungsraum passt. Einerseits lohnt es sich, den eigenen Erfahrungshorizont zu verbreitern, sich im Alltag, über Bücher oder Filme etwas kundig zu machen über andere Lebenswelten. Andererseits geht es auch darum, Differenz, vielleicht auch Fremdheit, die nicht überbrückt werden kann, anzuerkennen, mit dieser Differenz aktiv zu arbeiten, „naiv" zu fragen. Wir machen den „Job" als Therapeutin zu einem Gutteil ja auch, weil wir „neugierig" auf andere Menschen sind (Kanfer et al., 2012).

*Wir können nicht allen helfen* – auch wenn Psychotherapie insgesamt eine sehr überzeugende Wirksamkeit hat, verschlechtert sich bei ca. 3–14 % aller Patienten der Zustand während einer Psychotherapie (Lambert, 2013, S. 190). Hinzu kommen viele, die nicht genügend davon profitieren. Hier ist noch Luft nach oben. In diesem Zusammenhang haben sich sogenannte „Feedback-Systeme" als sehr nützlich erwiesen, zu denen seit etwa 2000 intensiver geforscht wird: Wenn Therapeutinnen zeitnah nach Sitzungen darüber informiert werden, ob sich der Veränderungsprozess bei ihren Patientinnen günstig („grün"), unklar („gelb") oder ungünstig („rot") entwickelt, verbessert sich das Therapieergebnis im Durchschnitt (bei kleinen bis mittleren Effektstärken). Insbesondere reduzieren sich die Verschlechterungsraten; bei Patienten mit Hinweisen auf ungünstige Entwicklungen verdoppelt sich die Rate klinisch signifikanter bzw. reliabler Veränderung (Lambert, Whipple & Kleinstäuber, 2018). Leider scheinen Therapeuten trotz Teilnahme an solchen Feedback-Systemen im Anschluss nicht besser darin zu sein, ungünstige Entwicklungen bei ihren Patienten zu identifizieren. Hierbei spielt vermutlich auch eine Rolle, dass Patienten eher zurückhaltend zu sein scheinen, negative Gefühle oder auch mangelnde Fortschritte in der Therapie zu äußern (Lambert, 2013).

Flächendeckend werden wir im deutschsprachigen Raum vermutlich auf absehbare Zeit nicht von solchen Feedback-Systemen profitieren können. Auch wenn uns unsere Patientinnen vermutlich nicht immer sagen werden, was sie denken und empfinden: Zumindest für unsere Therapien könnten wir daraus doch lernen, dass wir immer wieder aktiv um Feedback bitten („Wie hört sich das für Sie an?", „Wie ist das für Sie?", „Was nehmen Sie heute mit?"). Und gleichzeitig könnten wir unsere Ohren spitzen für kleine und kleinste Anzeichen von Irritation und Unzufriedenheit bei unseren Patienten. Und wenn es uns dann noch – so wie von Dirk Zimmer an verschiedenen Stellen beschrieben – gelingt, das ernst zu nehmen, könnten wir vielleicht etwas bessere Therapeuten werden ….

Wie Dirk Zimmer in diesem Zusammenhang betont, sollten wir als Therapeutinnen vermutlich öfter als wir es tun, Patienten abgeben und weiterverweisen. Das ist nicht so einfach, sondern tatsächlich ein Schritt, der mit etwas mehr Erfahrung leichter fällt. Als Supervisorin habe ich es häufiger erlebt: Gerade zu Beginn ihrer therapeutischen Tätigkeit haben Kollegen Probleme damit, Patienten zu verweisen. Sie mögen es gar nicht, wenn ich dann sage: „Wenn du es bis zu diesem (fortgeschrittenen) Zeitpunkt nicht geschafft hast, die Hindernisse für eine positive Entwicklung zu reduzieren, macht es keinen Sinn weiterzumachen". Sie empfinden es als Versagen, ihren Patientinnen nicht helfen zu können. Der Antrieb, möglichst viel für ihre Patientinnen zu erreichen, ist sicher eine gute Triebfeder für die berufliche Entwicklung. Aber: Für uns als Therapeuten ist es nur eine Sitzung in der Woche, in der wir dieses Nicht-Weiterkommen begleiten müssen; für die Patientinnen ist es unwiederbringliche Lebenszeit, die vergeht, ohne dass es ihnen bessergeht.

## 8.2
## Zur Genauigkeit und Präzision therapeutischen Arbeitens

Auch dieses Prinzip zieht sich durch den gesamten Beitrag: Schon im ersten Absatz geht es um die „geduldige Arbeit mit schwer belasteten Patienten", um „wenigstens kleine Schritte". Weiter geht es dann mit dem Durchspielen der 100 Situationen des ATPs (meine Bewunderung ist Dirk Zimmer dafür gewiss![21]). In einem klassischen Element der KVT, dem funktionalen Denken, steht dieses Prinzip dann im Vordergrund: Über die individualisierte, flexible Anpassung des therapeutischen Vorgehens an Gewohnheiten, Lebenserfahrungen und Hintergrundbedürfnisse, orientiert auf die jeweiligen Therapieziele hin, entfaltet sich das Potenzial von Psychotherapie. Funktionales Denken bedeutet auch: Nichts gilt immer, auch vermeintlich generelle Prinzipien haben Ausnahmen.

Bespielhaft diskutiert Dirk Zimmer Empathie unter einer funktionalen Perspektive. Gelungene Empathie von Therapeuten im therapeutischen Prozess steht insgesamt in einem deutlichen Zusammenhang mit dem Therapieergebnis. Das zeigen sehr viele Studien in verschiedensten Zusammenhängen (siehe zusammenfassend Elliot, Bohart, Watson & Murphy, 2018). Miller und Rollnick (2015) sehen dementsprechend empathisches Verstehen als Prinzip, auf das wir als Therapeutinnen immer zurückfallen können, gerade in schwierigen Therapiesituationen.

---

21 Auch wenn ich nicht an das Organisationsprinzip des ATPs glaube. Soziale Situationen sind so komplex, immer wieder neu und können auf unterschiedliche Weise „kompetent" gelebt werden, dass mich das doch recht normative Modell des ATP nicht überzeugt.

Und doch: Zuviel Empathie beispielsweise bei Menschen mit großen Ängsten verführt auch Therapeuten zu Vermeidungsverhalten. In ihrem Modell zur Anpassung von Supervisionsangeboten an den Entwicklungsstand von Psychotherapeuten beschreiben Stoltenberg, McNeil und Delworth (2010) diesen Prozess als „emotionale Ansteckung" von Therapeuten: Indem sie zu nah herangehen an ihre Patienten, sich zu sehr in sie hineinversetzen, scheinen deren Gedanken und Gefühle – und damit die Probleme – logisch und geradezu unausweichlich. Unter der Perspektive des Veränderungsprozesses wird vermeintliche Empathie zur Identifikation und damit zur Falle.

Rogers hätte bei diesem Beispiel vermutlich betont, dass Empathie an einem solchen Punkt in die Identifikation mit der Patientin umgeschlagen ist, somit die „als ob"-Qualität eines solchen Hineinversetzens in das innere Bezugssystems der Person verloren gegangen ist. Aber auch wenn eine Therapeutin empathisch, und zugleich distant zur Patientenperspektive bleibt, ist mehr Empathie nicht immer besser: Wenn jemand z. B. eher Nähe vermeidet, vielleicht aus Schamgefühlen heraus sich und seine Verletzlichkeit nicht zeigen will, kann zu schnelles und direktes empathisches Nachvollziehen und womöglich noch die Formulierung einer solchen Haltung erschrecken – etwas mehr Sachlichkeit und schrittweise Annäherung ist hier sinnvoller.

Kanfer et al. (2012) haben dieses und andere Spannungsfelder als Skylla und Charybdis psychotherapeutischen Handelns bezeichnet: Wir segeln als Therapeuten zwischen „uns auf Patienten einlassen" und „Gegenerfahrung provozieren", zwischen „Leiden ernst nehmen" und „Hoffnung induzieren" etc. Und dabei halten wir die Augen offen für den Untergrund und die Strömungen bei unseren Patienten. Diese können jederzeit und sehr schnell wechseln …

## 8.3
## Die Mündung: Zum Aufbau positiven Denkens

Die beiden Linien „Bescheidenheit" und „Genauigkeit" führen meiner Meinung nach konsequent zum Thema „Aufbau positiven Denkens". Bescheidenheit – im Unterschied zur Betonung von therapeutischen Kompetenzen – ist deutlich assoziiert mit der Überzeugung, dass jede Person, wie sehr belastet sie auch sein mag, Bereiche gelungenen Lebens hat, über Möglichkeiten und Ressourcen verfügt. Und: damit diese positiven Aspekte auch bei Menschen zum Tragen kommen, deren Weltsicht von negativer Affektivität geprägt ist, muss ich als Therapeutin sehr genau arbeiten. Dies wird deutlich in dem Therapiebeispiel, das uns Dirk Zimmer zur Verfügung stellt. Hier kommt es auf die „einzelne Formulierung" an, mit der die Patientin langsam herangeführt wird, ihre Stärken und positiven Aspekte zu sehen. Sinnvoll sind die Herausarbeitung positiver Aspekte und die Stärkung des Selbstwerts, da sie direkt Komponenten psychischer Gesundheit sind – und das wohl eher als irgendwelche einzelnen Verhaltensweisen.

Eine zwar alte, aber mir immer noch liebe Perspektive auf die Rolle positiver und negativer Aspekte für das psychische Befinden stammt von Schwartz und Garamoni (1989). In ihrer Golden-Section-Hypothese gehen sie davon aus, dass psychische Gesundheit verbunden ist mit einem inneren positiven Dialog: Die aus ihrer Sicht optimale Balance zwischen positiven (P) und negativen (N) Kognitionen bzw. Affekten ($P/(P + N)$; ungefähr 0.63) trägt dazu bei, dass Personen einerseits offen sind für positive Erwartungen hinsichtlich der Herausforderungen des Lebens und andererseits negative, ihren Zielen wiedersprechende Ereignisse so den maximalen Informationswert haben. Schon bei einem Verhältnis von 50:50 ist nach diesem Modell die Befindlichkeit von Menschen deutlich beeinträchtigt (oder auch, wie die Westfälin in mir sagt: „Man sieht den Wald vor lauter Bäumen nicht mehr"). Eine Reihe von Studien (z. B. Bruch, Heimberg & Hope, 1991) konnte dementsprechend Zusammenhänge der Affektbalance zum Therapieerfolg zeigen.

Diese Studien könnte man ohne Weiteres für banal halten; ich bin mir auch nicht so sicher, ob unser psychisches System an Prozenten orientiert ist. Therapeutisch lässt sich diese Perspektive dahingehend nutzen, dass es nun wirklich nicht die Methoden sind, die Veränderung machen. Vielmehr kommt es darauf an, die Mikro-Mikro-Bewegungen, die Patientinnen hin zu positiven Wahrnehmungen und Erlebensweisen machen, aufzugreifen und „auszuwalzen" (natürlich ganz vorsichtig und differenziert). Und hier verschränken sich wieder „Genauigkeit" und „Bescheidenheit" des Therapeuten Dirk Zimmer: Er ist sehr responsiv (Stiles, Honos-Webb & Surko, 1998) für die Aufnahmebereitschaft seiner Patienten im Prozess. Er akzeptiert die Hindernisse auf Seiten seiner Patientinnen („schwere Depression ist wie ein imperialistischer (negativer) Staat, in dem abweichende Meinungen nicht toleriert werden"). Immer da, wo etwas in Bewegung kommt, greift er es auf. Durch die Gestaltung des Vorgehens (vom Außen über die Perspektive der Freundin zum Innen) schafft er Bedingungen, die es erleichtern, dass sich die Patientin auch emotional in Kontakt mit positiven Affekten und Selbstanteilen bringen kann.

Als kleines P.S. dazu noch: Die Konzeptualisierung im letzten Satz ist mir dabei wichtig. Auch wenn wir das, was wir tun, Interventionen nennen: Wir intervenieren als Therapeutinnen nicht, sondern in der Abstimmung auf den Selbstorganisationsprozess unserer Patientinnen schaffen wir einen Rahmen, in dem sich diese in eine für sie hoffentlich glücklichere Richtung bewegen können. Und das ist dann die Kunst, respektvoll, behutsam und genau solche Rahmen zu konstruieren.

## Literatur

Bruch, M. A., Heimberg, R. G. & Hope, D. A. (1991). States of mind model and cognitive change in treated social phobics. *Cognitive Therapy and Research, 15*(6), 429–441. http://dx.doi.org/10.1007/BF01175727

Elliott, R., Bohart, A. C., Watson, J. C. & Murphy, D. (2018). Therapist empathy and client outcome: an updated meta-analysis. *Psychotherapy, 55* (4), 399–410. http://dx.doi.org/10.1037/pst0000175

Jacobi, F., Höfler, M., Strehle, J., Gerschler, A., Scholl, L, Busch, M. A., Maske, U., Hapke, U., Gaebel, W., Maier, W., Wagner, M., Zielasek, J. & Wittchen, H.-U. (2014). Psychische Störungen in der Allgemeinbevölkerung. Studie zur Gesundheit Erwachsener in Deutschland und ihr Zusatzmodul Psychische Gesundheit (DEGS1-MH). *Nervenarzt, 85*, 77–87. https://doi.org/10.1007/s00115-013-3961-y

Kanfer, F. H., Reinecker, H. & Schmetzer, D. (2012). Selbstmanagement-Therapie (5. Aufl.). Berlin: Springer.

Lambert, M. J. (2013). The efficacy and effectiveness of psychotherapy. In M. Lambert (Ed.), *Bergin and Garfield's Handbook of Psychotherapy and Behavior Change* (pp. 169–218). Hoboken: Wiley.

Lambert, M. J., Whipple, J. L. & Kleinstäuber, M. (2018). Collecting and delivering progress feedback: a meta-analysis of routine outcome monitoring. *Psychotherapy, 55 (4)*, 520–537. http://dx.doi.org/10.1037/pst0000167

Miller, W. R. & Rollnick, S. (2015). *Motivierende Gesprächsführung* (3. Aufl.). Freiburg: Lambertus.

Norcross, J. C. & Lambert, M. J. (2018). Psychotherapy Relationships that work III. *Psychotherapy, 55 (4)*, 303–315. http://dx.doi.org/10.1037/pst0000193

Schwartz, R. M. & Garamoni, G. L. (1989). Cognitive balance and psychopathology: Evaluation of an information-processing model of positive and negative states of mind. *Clinical Psychology Review, 9*, 271–294.

Stiles, W. B., Honos-Webb, L. & Surko, M. (1998). Responsiveness in Psychotherapy. *Clinical Psychology: Science and Practice, 5*, 439–458.

Stoltenberg, C. D., McNeill, B. & Delworth, U. (2010). *IDM Supervision: an integrated developmental model for supervising counselors and therapists.* New York: Routledge.

# 9 Alles allgemein menschlich? Alles kulturbedingt? – Eine produktive Verwirrung!

*Verena Kast*

Im Rahmen der Ausbildung zum Psychoanalytiker oder zur Psychoanalytikerin am C.G. Jung Institut Zürich, Küsnacht, stoße ich immer wieder auf kulturell bedingte Missverständnisse in therapeutischen und in supervisorischen Prozessen, die auf kulturelle Diversität verweisen und die dazu herausfordern, Selbstverständlichkeiten infrage zu stellen – etwas grundsätzlich Wichtiges in der therapeutischen Arbeit.

Die Psychotherapie nach C.G. Jung ist ein tiefenpsychologisches, psychodynamisches und analytisches Therapieverfahren mit einem relationalen, intersubjektiven Verständnis des psychotherapeutischen Prozesses. Grundsätzlich geht sie von der Selbstregulationsfähigkeit der Psyche aus, zu deren Förderung sie eine Reihe von Instrumenten entwickelt hat. Viele Instrumente sind in den letzten Jahrzehnten von anderen psychotherapeutischen Konzepten übernommen worden wie zum Beispiel die Arbeit an Komplexen, der Umgang mit Träumen und Bildern, die Arbeit mit imaginativen Techniken und die Anregung zur Kreativität.

## 9.1 Im Grunde genommen verstehen wir uns schon …

Ich arbeite als Ausbildnerin und Supervisorin seit 40 Jahren, und die Wahrnehmung des Einflusses der Kultur und die Notwendigkeit, mehr über Kultursensitivität nachzudenken, wie diese im praktischen Arbeiten, aber auch in der Supervision erlebt wird, ist mir aktuell ein großes Anliegen. Bei der kultursensitiven Haltung liegt im psychotherapeutischen bzw. im supervisorischen Prozess die Aufmerksamkeit auch auf dem Einfluss von kulturellen Faktoren; diese werden mitreflektiert, ohne dass das allgemein Menschliche, das uns alle verbindet, ausgeklammert würde. Der psychotherapeutische bzw. supervisorische Prozess bleibt im Fokus – es gibt keine „Apartheit" –, es wird vermieden, dass die Idee entsteht, dass z.B. Japaner nur von Japanern therapiert werden könnten. Es wird aber auch vermieden, dass „wir" einfach einmal annehmen, dass unsere westlichen Theorien für alle Menschen unterschiedlicher kultureller Herkunft grundsätzlich ihre Gültigkeit haben.

In Supervisionen, im Begleiten von Therapien, die durch einen Therapeuten in Ausbildung durchgeführt werden, durch einen erfahrenen Kollegen oder eine erfahrene Kollegin, sind nicht selten Menschen von drei verschiedenen Kulturen miteinander im Gespräch – und es sollte ein gutes Gespräch werden, wenn Therapien erfolgreich sein sollen. In der Psychologie von C. G. Jung gehen wir davon aus, dass wir Menschen grundsätzlich vergleichbare Grundbedürfnisse und emotionale Erfahrungen haben, Geschichten teilen, die diese Emotionen und Grundbedürfnisse abbilden, aber natürlich jeweils überformt durch die jeweilige Kultur. Wir sind also besonders in Gefahr, zu denken, dass wir uns „im Grunde genommen" schon verstehen. Das stimmt vielleicht sogar, aber über diesem Grund liegen viele Erfahrungen, die auch zu Missverständnissen Anlass geben und die das gegenseitige epistemische Vertrauen schmälern, was ungünstig für therapeutische, aber auch für supervisorische Prozesse ist. Ich halte es in der Supervision so, dass ich von Anfang an eventuelle kulturelle Unterschiede als interessante Herausforderung thematisiere, betone aber auch, dass das auch immer einmal bedeutet, die damit verbundenen, meist unangenehmen Konflikte offen anzusprechen.

## 9.2 Supervision mit japanischen Kolleginnen und Kollegen

Am C. G. Jung Institut in Zürich studierten und studieren immer wieder Kolleginnen und Kollegen aus Japan, es geht um Psychoanalyse Jungscher Prägung. Begründer von Ausbildungsstätten zur Jung'schen Psychotherapie in Japan wurden in Zürich ausgebildet (wie z. B. Hayao Kawai). Die Diskussion, inwiefern Jung'sche Psychologie, vor allem das Individuationskonzept, in einer kollektivistischen Kultur wie der japanischen hilfreich sein kann, begann damals und ist nie abgebrochen. Immer wieder wird auf das „kollektive Unbewusste" von C. G. Jung (Jung, 1929) verwiesen, auf die Idee, dass alle Menschen eine vergleichbare „Grundlage" hätten. Diese Idee korrespondiert etwa mit dem „genomischen Unbewussten" von Damasio (Damasio, 2011) oder mit den grundlegenden emotionalen Systemen von Panksepp (Panksepp & Biven 2012). Trotz diesem „kollektiven Unbewussten" formulieren die Auszubildenden aus Japan, meist gegen Ende der Ausbildung, dass vieles an der Jung'schen Psychologie für sie fremd bleibt: Es gibt nicht nur ein kollektives, es gibt auch ein kulturelles Unbewusstes.

## 9.3
## Der bedeutungsvolle Zwischenfall: Eigentlich verstehen wir uns nicht

Mein Supervisand, ein Japaner, arbeitet psychotherapeutisch mit einer Japanerin, die mit einem Schweizer Geschäftsmann verheiratet ist und die in der Schweiz lebt. Sie leidet an einer Depression, nach ihrer Wahrnehmung deshalb, weil sie sich weder in der Schweiz noch in Japan zu Hause fühlt. Um herauszufinden, wo sie leben wollten, hatte das Paar drei Monate in Japan verbracht; der Ehemann war für diese Option offen.

## 9.4
## Ärger

Der Supervisand kündigte in dieser Sitzung an, ein Problem diskutieren zu wollen. Das war etwas unüblich und ich ertappte mich bei meinem Gedanken, dass ich mich über diese direkte Wortbekundung schon auch etwas freute; normalerweise informierte er mich über den analytischen Prozess, oder er zeigte mir ein Sandbild. (Japanische Kolleginnen und Kollegen arbeiten sehr gerne mit Sandbildern. In der Sandbildtherapie gestaltet der Patient mit Sand, oft auch mit kleinen Objekten, die in den Sand gestellt werden, ein konkretes Abbild der erfahrbaren emotionalen Situation in symbolischer Form.)

Er war auf eine verdeckte Weise sehr ärgerlich, schwitzte, war unruhig, ganz im Gegensatz zu seiner normalerweise sehr ruhigen, gefassten Haltung. Er ärgerte sich über den Ehemann seiner Analysandin. Was war geschehen? Das Paar hat eine etwa 10-jährige Tochter – und, zurück aus Japan, verlangte der Ehemann, dass die Tochter in einem eigenen Zimmer, nicht mehr im Bett zusammen mit der Mutter, schlafe. Der Ehemann hatte lange in Japan gelebt und wusste, dass Kinder dort viel länger als in der Schweiz mit ihren Müttern schlafen. Er hatte es auch akzeptiert, bis zu diesem Zeitpunkt, aber jetzt, so fand er, müsse sich etwas verändern, er argumentierte damit, dass das Mädchen zu abhängig sei von der Mutter. Falls sie jetzt wirklich in der Schweiz leben wollten, müsste das Kind sich auch etwas „anpassen." Dieser Konflikt war einer der vielen Konflikte dieses transkulturellen Paares, die sie normalerweise zu lösen versuchten und auch zu lösen vermochten. Der Supervisand sagte, er könne die Haltung des Schweizer Vaters verstehen. Aber das Verständnis half nicht: Der Supervisand wurde seinen Ärger nicht los. Der nicht zu regulierende Ärger war jetzt das Problem in der Supervision. Er versuchte ihn zu verbergen, aber in seiner ganzen Präsenz drückte sich Ärger und Angst aus. Mir hat dieser körperliche Ausdruck gut gefallen, es fühlte sich für mich vital an. Er versuchte krampfhaft, die

Emotion zu regulieren, um sich nicht schämen zu müssen. Für mich war klar, wir mussten diesen Ärger verstehen.

Hätte er zu meinem westlichen Kulturkreis gehört, hätte ich den Fokus auf Ärger im analytischen Prozess gelegt, der möglicherweise auf den Ehemann projiziert wurde, so als eine Art ausgelagerter Ärger, und ich hätte das Problem in der analytischen Beziehung exploriert, das in ihm so viel Ärger auslöste. Ich hätte auch auf eine mögliche Gefühlsansteckung hin reflektiert. Das schien mir aber in dieser Situation mit diesem Supervisanden der falsche Weg zu sein. Ich erzählte ihm stattdessen, ich hätte einmal in einer Supervision einen seiner Kollegen in einer vergleichbaren emotionalen Situation erlebt, als eine grundlegende Überzeugung von ihm abgelehnt und damit entwertet wurde. Für seinen emotionalen Zustand habe der Kollege damals ein inneres Bild von einem großen Feuer entwickelt, das etwas sehr Wichtiges verbrannt habe – einfach zerstört. Mein Supervisand akzeptierte diese Geschichte mit einem langen Oh, Ooh – Ausdruck von emotionalem Berührtsein.

Nach einigen Momenten der Stille schaute er auf seine Notizen und entschied: Die Sache mit dem Bett gehöre eigentlich in die Verantwortung des Paartherapeuten, und er müsse sich beruhigen. „Bitte entschuldigen Sie mein Verhalten, es tut mir leid, dass ich die Fassung verloren habe, ich hatte zu viel Arbeit in den letzten Wochen." Dann sprach er über den Verlust der Identität „von diesen japanischen Frauen" in der Schweiz – er arbeitet therapeutisch mit mehreren japanischen Frauen in der Schweiz – und er überlegte laut, ob er vielleicht eine „Identitätsgruppe" anbieten sollte, fasste aber keinen Entschluss. Der Ärger verschwand nach und nach, er beruhigte sich. Ich dachte über meine Intervention nach: Bei jemandem aus der westlichen Kultur hätte ich, nachdem ich das Thema des Ärgers in der therapeutischen Beziehung erörtert hätte, ihn sich auf seine Emotion und seine Körpergefühle konzentrieren lassen, und die Emotion und die Gefühle des Ärgers als Ausgangspunkt für eine Imagination genommen, den Kollegen also angeregt, aus der Emotion Bilder aufsteigen zu lassen. Warum habe ich das nicht so bei dem japanischen Supervisanden gemacht? Ich bot ihm vielmehr ein Beispiel von einem Kollegen an, einem japanischen Kollegen mit demselben kulturellen Hintergrund. Zumindest – so befand ich –, hatte ich ihm geholfen, das Gesicht nicht zu verlieren. Aber war das meine Aufgabe, ihn vor Scham zu schützen?

## 9.5
## Das Bemühen um wechselseitiges Verstehen

Er kam in die nächste Supervisionsstunde und bedankte sich dafür, dass ich ihm geholfen hatte, sein Selbstwertgefühl aufrechtzuerhalten. Das Beispiel seines Kollegen hatte ihm geholfen. Durch unser Gespräch wurde ihm bewusst, wie wichtig es für ihn war, dass japanische Kinder lange bei ihren Müttern im Bett bleiben dürfen, und wie grausam er es fand, dass die Schweizer so früh die Kinder in ihre eigenen Betten steckten. Jetzt fühlte ich mich als Exponentin einer grausamen Kultur in seiner Sicht und ich musste meinen Impuls unterdrücken, unsere Kultur zu verteidigen und ihn über die psychologische Bedeutung dieser Trennung aufzuklären. Ich spürte, wie wichtig es für mich war, dass zu einem gewissen Zeitpunkt, sicher früher als mit zehn Jahren, das Kind lernen muss, dass es nicht ein Teil der Eltern ist, dass es sich als eigene Person spüren kann, dennoch in naher Beziehung zu den Eltern, aber dennoch von ihnen unterschieden, nicht als ein Teil ihrer Beziehung. Durch die Trauer darüber, dass es aus der engen Beziehung auch ausgeschlossen ist, wird der Wunsch nach Beziehung belebt, nicht nur der nach Autonomie. Alle diese Gedanken behielt ich mühsam für mich. Ich sprach über Trennungsangst und sagte dann leichthin, es müsste doch eigentlich Forschungen aus dem Bereich der Bindungstheorie geben, in denen Kinder mit diesen unterschiedlichen Erfahrungen verglichen werden. Es würde sich sicher lohnen, solche Forschungen zu studieren.

Und dann verstand ich: Was zwischen mir und dem Supervisanden geschah, ist ein Spiegel dessen, was zwischen seiner Analysandin und ihrem Ehemann geschieht, möglicherweise auch zwischen dem Supervisanden und dem Ehemann. Ich entschloss mich, über meine Gegenübertragung oder vielleicht eher über meine Übertragung mit ihm zu sprechen. Ich sagte ihm so ungefähr: „Als Sie gesagt haben, wie grausam Sie unsere Kultur finden, die Mütter und Kinder so früh trennt, fühlte ich mich als ein Teil einer grausamen Kultur – ich wollte meine Kultur verteidigen und damit unseren Weg, wie wir den Kindern helfen, sich von den Eltern abzulösen und mit ihnen in Beziehung zu treten." Ich habe es sogar etwas in diesem Sinne gemacht. Aber ich habe gespürt, dass das nicht ein guter Weg ist. So fragte ich ihn, wie er sich in der entsprechenden Situation gefühlt habe. Er sagte, er habe sich als Teil einer „mutterkomplexigen" Kultur gefühlt, als Teil einer „falschen" Kultur in diesem Zusammenhang. Wir einigten uns darauf, dass jede Kultur Ideen über diese Ablösung der Kinder von ihren Eltern hat, dass keine Kultur das wohl „besser" macht als die andere, aber eben anders, und dass dies auch andere Ergebnisse gibt für Kinder und Eltern. Und anschließend sprachen wir darüber, was unsere Einsichten für seine Analysandin bedeuteten.

## 9.6
## In der kulturellen Überzeugung angegriffen

Wie schon erwähnt, erlebten wir in der Supervision das unbewusste Problem des Paares. Aber da ist wesentlich mehr: Es gibt eine Spannung in dem Supervisanden als Japaner, der viel auf sich genommen hat, um in der Schweiz zu studieren. Dabei stoßen immer wieder Grundüberzeugungen aufeinander. Spannungen spürte er auch in dem japanisch-schweizerischen Paar: Die unterschiedlichen Grundüberzeugungen bewirkten für die Beiden viele Probleme, auch wenn beide fanden, es sei auch anregend, weil sie immer wieder diese Probleme auch diskutieren und Lösungen finden mussten, die für beide lebbar waren. Die Spannungen hatten sich dieses Mal in der Frage niedergeschlagen, wie lange ein Mädchen im Bett bei der Mutter schlafen darf, und der damit verbundenen Frage nach der Abhängigkeit. Lange bei der Mutter schlafen zu dürfen, die Überlegenheit der Mutter-Welt über die Vater-Welt, war für den Supervisanden sehr wichtig. Und das bewirkte, dass er sich von mir getrennt fühlte als Angehörige einer Kultur mit einer anderen Grundüberzeugung.

Beide fühlten wir uns in unseren kulturellen Grundüberzeugungen angegriffen. Was alles überhaupt eine Grundüberzeugung für mich ist, habe ich erst durch diese Supervision erfahren – und das hat mich schon sehr erstaunt und auch verblüfft: Kulturelle Grundüberzeugungen verstehen sich offenbar von selbst, sind selbstverständlich. Die Spannung zwischen der japanischen und der schweizerischen Kultur bestand auch im Supervisionsprozess. Interessant war es für mich zu spüren, wie empört – also verletzt – ich war, mich plötzlich als Angehörige einer „grausamen" Kultur zu verstehen – und ich überlegte mir, wie oft das den Angehörigen einer fremden Kultur in unseren Therapien oder Supervisionen so ergehen mag. Ich musste diese Gefühle zunächst für mich selbst behalten, es war mir aber auch wichtig, darüber in der nächsten Supervisionsstunde zu sprechen.

### 9.7
## Zu kulturlastig

Der Supervisand diskutierte das Problem der kulturellen Differenz mit seiner japanischen Patientin. Analytiker und Analysandin schienen sehr zufrieden zu sein mit dieser Erklärung. Für mich selbst aber wurde die Erklärung des Problems zunehmend zu kulturlastig, und ich stellte Fragen, die ich auch einem Schweizer Supervisanden stellen würde. Ich frage danach, ob die Analysandin denn selbst nicht auch eine Idee habe, was ihr Mann ihr vielleicht noch habe sagen wollen, indem er dafür plädierte, dass das Mädchen selbstständiger werde, im eigenen Bett schlafe. Konnte sie sich in ihren Mann und in seine Wünsche einfühlen? Konnte sie ihn fragen? Sie hätte nicht zu fragen, meinte sie. Er wolle das Bett mit ihr allein teilen, und nicht mehr auch mit dem Kind …

Auch das eine klare Einsicht: Es ist wichtig, den Einfluss der Kultur zu reflektieren – aber es kann auch zu viel sein, so viel, dass man nicht mehr auf verborgene Aspekte der Kommunikation zurückkommt und nicht mehr an ganz normale Psychodynamik denkt.

Während ich diese Erfahrung zum ersten Mal dokumentierte, wurde mir bewusst, wie unsicher ich in der Situation war. Als Analytikerin bin ich gewohnt, sehr viel Unsicherheit auszuhalten, wir wissen nie genau – und der andere Mensch ist immer auch ein Geheimnis. Das ist aber wesentlich mehr und auch anders der Fall, wenn jemand aus einer anderen Kultur kommt. Für mich ist es sehr wichtig, dass es uns bewusst wird, dass wir durch die andere Kultur infrage gestellt werden. (Und das wäre dann der Moment, wo wir vielleicht eher kulturspezifisch behandeln möchten.)

## 9.8
## Traumbilder – kulturell verstanden

Bei Menschen mit unterschiedlichem kulturellem Hintergrund ist es einfacher, sich über die Bedeutung von Bildern zu verständigen als allein über die Sprache. Die Bildsprache ist ganzheitlicher als die Wortsprache, braucht auch keine Übersetzung. Supervision war dann mit den japanischen Kolleginnen und Kollegen einfacher, wenn wir uns über Träume, Imaginationen, gemalte Bilder oder Sandspielbilder ausgetauscht haben, also über Projektionen des therapeutischen Prozesses und der therapeutischen Beziehung auf Bildmaterial. In der Jung'schen Theorie ist es eine Grundüberzeugung, dass dann, wenn wir uns auf Emotionen konzentrieren, auch Vorstellungen auftauchen, verbunden mit Gedanken, und dass die Reflexion darüber ein Mittel ist, die betreffende Emotion zu regulieren: Kann man die auftauchenden Bilder verstehen, setzt man sich mit ihnen auseinander, ergibt das Hinweise auf die Dynamik, die mit der Emotion verbunden ist, ergibt Hinweise auf die anstehende Problematik, aber auch auf Entwicklungsmöglichkeiten. Aber auch wenn man der Ansicht ist, dass Bilder kulturübergreifend besser verstanden werden können als Sprache, bleibt Vorsicht angebracht. Das folgende Beispiel war für mich ein zentrales Schlüsselerlebnis der vermeintlich kleinen sprachlichen Feinheiten.

## 9.9
## Der Fuchs: japanisch und schweizerisch

Einer meiner japanischen Supervisanden arbeitete therapeutisch mit einem Schweizer Studenten, der englische Literatur studierte und sehr angezogen war von Japan und der japanischen Lebensart. Er hatte sich in Therapie begeben, weil er unter „Lampenfieber" litt. Er war nicht fähig, Vorträge zu halten oder an Diskussionen im Seminar teilzunehmen. Er fühlte sich „minderwertig und sehr ängstlich". Er suchte einen japanischen Therapeuten, weil er solche „sehr speziell" fand.

Der Supervisand, der bereits viel Selbstvertrauen hatte und kurz vor dem Abschluss der Studien stand, präsentierte einen – in seinen Worten – „ungeheuer wichtigen Traum" des Analysanden, den dieser in der 16. Stunde, 4 Monate etwa nach Beginn der Therapie, eingebracht hatte. Er war richtig animiert, hatte Lust, mir diesen besonderen Traum sofort zu erzählen.

Der Traum des Schweizer-Analysanden: „Ich folge einem Fuchs – ich bin neugierig, wohin er geht. Ich muss mich sehr sorgfältig verhalten, damit er nicht auf mich aufmerksam wird. Ich bin glücklich und sehr neugierig."

Das war der Traum. Ich wartete allerdings immer noch auf den „ungeheuer wichtigen Traum".

Mein Supervisand begann, über die Magie der Füchse zu sprechen, der Fuchs könnte den Analysanden zu einem gefährlichen Platz lotsen. Vielleicht sei das die Anima des Studenten in der Haut eines Fuchses. „Anima", was würde das bedeuten? Illusionen über Frauen zu haben. Auf meine Frage, ob er den Fuchs als eine Art Hexe sehe, gab er mir keine Antwort, aber er informierte mich umfassend und lange über das Symbol des Fuchses in der japanischen Mythologie – und nach einiger Zeit fragte er mich, ob es möglich wäre, dass der Analysand psychotisch werde. Wir stellten entsprechende Überlegungen an, der Supervisand hatte aber außer diesem Traum nichts Beunruhigendes wahrgenommen.

Ich verstand die Aufregung und die große Beunruhigung als eine gleichsam japanische Übertragung – nicht so sehr eine Gegenübertragung – des Supervisanden auf den Traum und verstand von daher die Faszination und die Angst. Er war infiziert vom Traum des Analysanden, befand sich in einer Gefühlsansteckung, aktuell ohne Möglichkeit, sich emotional davon zu distanzieren. Ich drückte meine Wertschätzung für seine Wahrnehmung aus und für die damit verbundene Amplifikation mit japanischer Mythologie. Ich stellte aber die Frage, ob die Amplifikation nicht auch gleichwertig aus der Perspektive und auch der Kultur des Träumers zu erfolgen habe. Mein Vorschlag: Wir lassen die Interpretation des Supervisanden einfach einmal so stehen als eine mögliche Option. Zusätzlich versuchen wir, den Traum mit den Assoziationen des Träumers zu verbinden und allenfalls mit dem westlichen Verständnis und einer Anreicherung der Bedeutung des Symbols Fuchs aus dem kulturellen Gedächtnisschatz, wenn nötig.

Der Supervisand war nun überrascht, dass er womöglich nicht wirklich gut mit dem Traum gearbeitet hatte – normalerweise kann er das sehr gut. Fragen an den Traum wurden generiert: In welcher Landschaft befand sich der Fuchs, wie sah er überhaupt aus? Wie schafft es der Träumer, dass der Fuchs ihn nicht wahrnimmt? Welche Gefühle waren mit dem Traum verbunden? Gibt es ein zentrales Gefühl? Und: Was bedeutet für den Träumer ein Fuchs? Der Supervisand war entsetzt darüber, wie er mit dem Traum umgegangen war.

Glücklich war der Träumer im Traum, neugierig, wahrscheinlich auch stolz, dass er einen Fuchs, den er als listig beschrieb, austricksen konnte. Für einen Menschen mit Ängsten gibt es wohl kaum etwas Besseres, als Neugier, als Zugang zu seinen „trickreichen Seiten" zu finden, zum Lebenskünstler, wie der Analysand den Fuchs bezeichnete. Und diese Gefühle könnte man auch ins Wachleben übernehmen.

Der Supervisand befand: Die Bedeutung des Fuchses ist nicht so verschieden in Japan und hier. Er täuscht, übervorteilt, ist schlau, sexuell aktiv, aber in Japan ist der Fuchs viel magischer und gefährlicher. Im Traum scheint der Fuchs den Analysanden in einer guten Art zu verführen. Aber: „Ich werde vorsichtig sein, man kann Füchsen nie trauen ..."

Der Supervisand verstand nun auch, dass er von einem für ihn emotional sehr kraftvollen Symbol bestimmt war, dass er daher eine unkontrollierte Übertragung auf den Traum gemacht hatte. Dass das Bild und die damit verbundene Emotion der Füchsin in seiner Psyche wohl eine wichtige Rolle spielte – und er wollte in der Selbsterfahrung mehr darüber sprechen.

In der nächsten Supervisionsstunde teilte er mir mit, er habe noch einmal mit dem Analysanden über den Traum sprechen wollen, entlang der Ideen, die wir miteinander entwickelt hatten. Jetzt habe aber der Analysand beachtlichen Widerstand geleistet: Er habe ihm doch gesagt, der Fuchs symbolisiere eine Hexe, sei eine geheimnisvolle, kraftvolle Gestalt, und jetzt solle das plötzlich nur noch ein gewöhnlicher Schweizer Fuchs sein .... Die emotionale Ansteckung funktioniert also auch in der Gegenrichtung: Der Analysand war durch die Begeisterung seines Analytikers angesteckt von dessen Emotion und Bildern. Es dauerte einige Zeit, bis der Analysand zwar immer noch eine interessante Hexe im Fuchs sah, aber auch akzeptieren konnte, dass es zugleich auch ein ganz normaler Schweizer Fuchs war. Natürlich geht es in diesem Traum nicht nur um den Umgang mit dem Füchsischen, sondern auch um die Identifikation des Analysanden mit dem kulturell Fremden.

Emotionale Ansteckung und der Umgang damit ist ein wichtiger Aspekt menschlicher Beziehung. Kommen wir in Kontakt mit Menschen verschiedener Kulturen, gelangen wir in Resonanz mit ungewohntem symbolischem Material und sehen uns unterschiedlichen Ansteckungen ausgesetzt – und das gibt uns auch reiche, ungewohnte Erfahrungen.

## 9.10 Resümee

In therapeutischen und supervisorischen Prozessen ist weder alles allgemeinmenschlich noch alles kulturbedingt. Es geht immer um den anderen und mich, um anderes und mich in der Therapie – das ist immer herausfordernd, spannend und auf eine verwirrende Art produktiv. Grundsätzlich scheint mir wichtig, in der Psychotherapie und in der Supervision anzuerkennen, dass es auch anders sein könnte, als ich es mir vorzustellen gewohnt bin, als ich es mir schon immer vorgestellt habe.

Aktuell ist es mir besonders wichtig, kulturelle Sensitivität zu entwickeln, das Augenmerk auch auf das Kulturbedingte zu richten. Durch genaues, respektvolles Nachfragen werden wir erfahren, was wir wissen müssen. Durch dieses interessierte Nachfragen werden Menschen sich überhaupt bewusst darüber, welche kulturellen Überzeugungen ihnen persönlich wichtig sind und welche eingespielten kulturellen Muster Schwierigkeiten bereiten. Diese Explorationen helfen, die Beziehung zu verbessern; der Patient fühlt sich gesehen, und beide, Therapeut und Patient, Supervisorin und Supervisandin sehen sich besser oder auch überraschend neu.

Wenn wir kulturelle Sensitivität entwickeln, ist das auch hilfreich in der Arbeit mit Patienten unserer eigenen Kultur: Auch da gibt es feine kulturelle Differenzen, die wir leicht übersehen. Sind wir uns dessen bewusst, nehmen wir vieles nicht für selbstverständlich, wir fragen mehr nach und Analysanden und Supervisanden fühlen sich besser gesehen und verstanden.

In den Konflikten, wenn wir sie denn wahrnehmen, und im Umgehen mit den Konflikten, trifft man sich emotional, werden Kränkungen von beiden Seiten sichtbar, können diese auch verarbeitet werden. Dabei sind unsere „allgemeinmenschlichen" therapeutischen Techniken, wie der Dialog, das Aushalten der Spannung, das Wahrnehmen und Benennen der Emotionen, das Erlebbarmachen von kreativen Ansätzen zur Konfliktbewältigung, sehr hilfreich.

Auf der Seite des Analytikers gibt es viel zu tun: Wir müssen unsere emotionalen Reaktionen in Bezug auf die kulturellen Unterschiede genau wahrnehmen und sie auch zu beschreiben versuchen. Die Frage ist: Was sind unsere kulturellen Übertragungen? Was erleben wir, wenn wir uns nicht als Vertreterin einer dominanten Kultur verstehen, einfach, weil es keine dominante Kultur gibt, sondern immer nur Menschen, die durch ihre eigene Kultur geformt sind und nun im Dialog mit jemandem stehen, der auch durch die eigene Kultur geformt ist. Die Gefahr besteht darin, dass wir zwar betonen, dass jede Kultur ihre eigenen Werte hat und Respekt verdient, aber dass wir insgeheim doch der Ansicht sind, dass unsere Kultur die beste ist. Vielleicht brauchen wir diese Konstruktion, weil unsere Kultur eben die unsere ist, zumindest müssten wir unseren widersprüchlichen doppelten Standard immer einmal reflektieren.

## Literatur

Damasio, A. (2011). *Selbst ist der Mensch. Körper, Geist und die Entstehung des menschlichen Bewusstseins*. München: Siedler.

Jung, C.G. (1929/1971). *Die Probleme der modernen Psychotherapie*. In Gesammelte Werke, Bd. 16. Olten: Walter.

Panksepp, J. & Biven, L. (2012). *The archeology of mind*. New York: Norton

# 10 Das Infragestellen des Selbstverständlichen – wenn das Fremde in den Blick gerät

*Maria Borcsa*

Je nach politischer Couleur und Axiomen einer akademischen Disziplin können wir uns fragen, ob Menschen unterschiedlicher Kulturen mehr Verbindendes oder mehr Trennendes haben. Da sich die Psychologie von jeher zwischen biologischen Bestimmungen, individuellen Vorlieben und soziologischen Umständen verorten lässt, wird sich diese Frage im besagten Fach nur als ein gewählter Punkt auf einem Kontinuum beantworten lassen. Psychotherapeutisches Arbeiten im engeren Sinne ist allerdings zumeist an Sprache, aber immer an Bedeutungsgebung angelehnt. Und diese ist soziohistorisch bestimmt, diskursiv in unsere Leben eingeschrieben, habituell internalisiert und dem Bewusstsein oft nur in latenten Sinnstrukturen verfügbar.

Dieser Sachverhalt gilt sowohl für die Klientin auch für die Therapeutin. Kommen beide aus derselben Kultur und teilen sie soziohistorische Bedingungen, so bewegen sie sich in einem geteilten Raum der Selbstverständlichkeiten, die zumeist nicht verhandelt werden. Erst in der Begegnung mit dem Fremden (Schütz, 1972) entsteht eine soziale Krisensituation (Goffmann, 2009), in der sich das vermeintlich natürliche als soziale Konstruktion zeigt und wir uns fragen: Ist ein Verstehen über kulturelle Grenzen hinweg möglich?

## 10.1 Internalisierung von Kultur

In einer Zeit der Globalisierung, zu der Mobilität und Digitalisierung einen erheblichen Teil beitragen, muss gefragt werden, was den heutigen Referenzrahmen einer „Kultur" bildet. Dass weder Deutschland und schon gar nicht Europa eine homogene kulturelle Einheit sind (auch wenn vielfach von „Eurozentrismus" die Rede ist), führt uns der bulgarische Politologe Krastev (2017) prägnant vor Augen. Soziohistorische Machtverhältnisse dringen bis in die mentalen Repräsentationen von Individuen durch und beeinflussen, ob wir z. B. Internationalität und Kosmopolitismus eher positiv oder aber negativ bewerten[22]. Auf einen vergleichbaren Umstand hat bereits Foucault (1977) mit seinem Konzept der Selbstdisziplinierung verwiesen: Menschen internalisieren Machtverhältnisse und folgen deren Prinzipien – in der Affirmation oder im Widerstand. Und das scheint auch dann noch zu gelten, wenn sich die Machtstrukturen – wie etwa durch den Zusammenbruch des Ostblocks – längst verändert haben. Je ferner und fremder die Kultur, umso schwerer sind möglicherweise die Selbstdisziplinierungsstrategien zu verstehen, wobei die eigenen oft einen blinden Fleck in unserem Bewusstsein darstellen.

Die Mechanismen der Selbstdisziplinierung spielen für die Psychotherapie eine nicht unwesentliche Rolle. Sie sind dabei ein „normaler", ein normativer, also kein per se pathologischer Vorgang; erst wenn eine starke Verengung im Handlungsspielraum entsteht, sprechen wir von einer schwierigen Entwicklung, die zu psychischem Leiden führen kann. In einer Gesellschaft sozialisierte Selbstdisziplinierungsmechanismen treten somit nicht nur bei Patientinnen auf, sondern auch bei Therapeutinnen, ihre Auswirkungen zu beleuchten ist u. a. Ziel der Selbsterfahrung und der Supervisionen in den jeweiligen psychotherapeutischen Ausbildungen. Diese Internalisierungen beziehen sich dabei nicht nur auf gängige Interaktionsmuster des eigenen Kontextes, sondern auch auf die sozialen Konstruktionen von Kultur und Ethnie und auf andere Ebenen der Diversität wie Gender, Alter, Milieuzugehörigkeit, sexuelle Orientierung und physische/psychische Beeinträchtigung bzw. Behinderung. In der psychotherapeutischen Ausbildung und Supervision lassen sich diese Aspekte anhand einer sogenannten Diversity-Landkarte, in die noch weitere Unterschiedsdimensionen einbezogen werden können, in ihrem Zusammenspiel reflektieren (Steinböck, 2015).

## 10.2
# Kultur ist nicht gleich Kultur

Softas-Nall & Baldo (2000) beschreiben die therapeutische Arbeit mit einem amerikanisch-griechischen Paar: Beide haben einen griechisch-familiären Hintergrund, wobei Eleni in den USA geboren wurde wie auch Stelios, ihre Familie jedoch nach Ende der Militärdiktatur nach Griechenland zurückging und sie dort aufwuchs. Sie

---

[22] „Wenn wir die Ost-West-Spaltung bezüglich der Bildung kosmopolitischer Werte verstehen wollen, müssen wir auch berücksichtigen, dass in dieser Hinsicht ein deutlicher Unterschied zwischen dem Vermächtnis des Nationalsozialismus und dem Kommunismus besteht. Der deutsche Hang zum Kosmopolitischen war auch eine Flucht vor dem fremdenfeindlichen Erbe der Nazis, während man auf der anderen Seite die These vertreten kann, dass der Antikosmopolitismus Mitteleuropas zum Teil in der Abneigung gegen den vom Kommunismus aufgezwungenen Internationalismus wurzelt." (Krastev 2017, S. 69)

lernte Stelios in den Niederlanden kennen und nach einer Phase der Mobilität zwischen Griechenland und New York entschieden sie sich für ein gemeinsames Leben in den USA; zum Zeitpunkt der Therapie waren sie acht Jahre verheiratet und hatten zwei Töchter, sechs und fünf Jahre alt. Die Konflikte des Paares drehten sich um einen gemeinsamen Lebensstil, denn Eleni empfand Stelios als traditionell, auf eine Weise, „wie es in Griechenland seit über 50 Jahren nicht mehr der Fall ist" (S. 396; eigene Übersetzung); er erwartete von ihr, dass sie koche – bevorzugt griechische Speisen –, ohne jemals in Erwägung zu ziehen, sie bei der Hausarbeit zu unterstützen. Während Eleni als einzige Tochter aus einem Akademikerhaushalt stammte und selbst Architektin in Griechenland geworden war, flüchtete Stelios' Herkunftsfamilie bereits in den 1920er-Jahren aus Kleinasien in die USA. Sie bauten sich dort hart arbeitend ein neues Leben auf. Stelios übernahm nicht als erstgeborener Sohn das familienbetriebene Restaurant, was ihm immer noch Schuldgefühle bereitete, sondern wurde Ingenieur. Stelios' Kenntnisse der griechischen Sprache waren rudimentär, sodass sich das Paar oft auf Englisch verständigte; für Eleni ein zusätzlicher Grund, sich entwurzelt zu fühlen. Sie wollte zurück nach Griechenland, wohingegen Stelios sich in den USA beheimatet fühlte und es auch als seine Schuldigkeit empfand, bei seinen Eltern zu bleiben. Die Arbeit an den jeweiligen Genogrammen (Familienstammbäumen)[23] fokussierte auf ihre Fähigkeiten und ihre Kenntnisse, aber auch auf ihre persönlichen Grenzen, die sie aus diesen Familien kommend erworben hatten. Dieses therapeutische Vorgehen verdeutlichte den Einfluss der Herkunftsfamilien auf die Wünsche und Bedürfnisse der jeweiligen Personen, die im Zusammenhang standen mit Geschlechterrollen, sozialem Herkunftsmilieu und kultureller Selbstverortung. Die vermeintlich gleiche Kultur sorgte zunächst für eine Illusion der Gemeinsamkeiten, der scheinbar geteilten Werte, Normen und Gewohnheiten, welche tatsächlich jedoch begrenzt waren: milieuspezifische und vor allem genderbezogene Unterschiede[24] spielten eine bedeutende Rolle, die beim Paar Konflikte erzeugten und Aushandlungsprozesse notwendig machten.

## 10.3
## Diversität in Beziehungen

Ich folge Patel et al. (2000), dass Diversitätsaspekte als Beziehungsbegriffe („relational terms") angesehen werden sollten – als etwas, was *zwischen* Menschen existiert – und nicht innerhalb eines Individuums. Sie manifestieren sich in persönlichen

---
23 Zur Arbeit mit Genogrammen in transkulturellen Kontexten siehe auch Borcsa (2017).
24 Welsch (2017) spricht in diesem Zusammenhang von vertikalen und horizontalen Differenzierungen innerhalb einer Kultur.

Beziehungen, wie in einer Partnerschaft, aber auch in professionellen Beziehungen, wie in therapeutischen oder supervisorischen Kontexten. Dass nichtgeteilte Selbstverständlichkeiten zu Mehrdeutigkeiten und Missverständnissen führen und damit zu Stressoren werden können, ist vielfach erforscht, gerade im Hinblick auf interkulturelle Paare. Neuere Forschungsansätze streben eine ressourcenorientierte Perspektive an, mit dem Ziel, gelingende Coping-Strategien im Hinblick auf diese Belastungen herauszuarbeiten. Bustamante et al. (2011) erarbeiteten in ihren ethnografischen Tiefeninterviews zunächst als Primärstressoren bei interkulturellen Paaren die Unterschiede in Erziehungsfragen, Zeit-Orientierung, Genderrollen und Beziehungen zur erweiterten Familie bzw. Herkunftsfamilie. Konstruktiver Umgang mit diesen Unterschieden sind Flexibilität in Genderrollen („wir sprechen darüber, welche Rollen wir in unserem Haus einnehmen wollen, was wir erwarten und wie wir diese Rollen empfinden", ebd., S. 160, eigene Übersetzung), Einsatz von Humor über die vorhandenen Unterschiede („Kebab ist in meinem Blut, so wie Enchilada in deinem Blut ist (Lachen)", ebd., S. 160, eigene Übersetzung), Respekt vor der anderen Kultur und Wahrnehmung von Gemeinsamkeiten. Das Erschaffen einer eigenen, sozusagen „dritten" Kultur, in der neue Werte, Regeln und Sitten kreiert werden („wir nehmen das Beste aus beiden Kulturen, in denen wir lebten, und machen etwas Anderes, das zu uns passt", ebd., S. 161, eigene Übersetzung), ist ein Coping-Mechanismus, der eine Metaregel für gelingende interkulturelle Beziehungen darzustellen scheint (siehe hierzu auch z. B. Seshadri & Knudson-Martin, 2013). Diese „dritte" Kultur lässt die dem binären Prinzip folgende Suche – entweder hierher oder dorthin gehörend –, wie es die aus Japan stammende Patientin aus dem Text von Verena Kast noch zu versuchen scheint, hinter sich, und arrangiert sich mit einer hybriden Identität. Diese hybride Identität – auch als Paar oder Familie – aufzubauen, scheint heute leichter denn je, denn durch die Nutzung von Kommunikations- und Informationstechnologien können Menschen in direktem Kontakt mit ihren Angehörigen bleiben, auch wenn diese auf einem anderen Kontinent leben (Borcsa, 2019). Da jedoch das Selbstverständnis zugleich zu einem nicht unwesentlichen Teil als Reflexion der Gesellschaft aufzufassen ist (das „Me" im Kontrast zum „I" bei Mead, 1968), kann der soziale Kontext eine maßgebliche Rolle dabei spielen, ob Hybridisierungsprozesse dieser Art gelingen oder aber nicht.

Die biografischen Erfahrungen dieser Patientin (und im Übrigen auch die des aus Japan stammenden angehenden Therapeuten) verdeutlichen, dass kulturelle Selbstverständlichkeiten infrage gestellt sind. Aber dies lediglich als Verlust zu bewerten, wäre eine einseitige Verkürzung einer Akkulturationstheorie, die versäumt, auf die Gewinne in transkulturellen Prozessen zu achten.

## 10.4
## Natur und Kultur: revisited

Auch Aspekte von Bindungsverhalten, wie das Fallbeispiel im Text von Verena Kast zeigt, scheinen nicht frei von kulturellen Überformungen. Mirecki & Chou (2013) verweisen einerseits auf das universelle Konzept der Feinfühligkeit sensu Ainsworth et al. (1978, zit. in ebd.), betonen jedoch auch, dass die meisten kulturübergreifenden Studien im Bereich der Bindung als *etisch* zu bezeichnen sind (westliche Konstrukte und Methoden werden angewandt, um nichtwestliche Kulturen zu untersuchen). Obwohl kulturelle Unterschiede in der Wahrnehmung dessen, wie kindliche Bedürfnisse nach Sicherheit und Wohlbefinden angemessen beantwortet werden sollen, seit längerer Zeit bekannt sind (z. B. Harwood, 1992), nehmen *emische* Untersuchungen, in denen auf eine kulturelle Angemessenheit der Konstrukte und Methoden in der Bindungsforschung geachtet wird, erst in den letzten Jahren zu (z. B. Sun, Wang & Jiang, 2017). Für die transkulturelle therapeutische Praxis kann dies bedeuten, gemeinsam die Funktionen der unterschiedlichen Formen von Bindungsverhalten in den jeweiligen Kulturen zu ergründen und sie somit aus einem unhinterfragten Verhaltensrepertoire zu externalisieren. Denn innerhalb der Psychotherapieforschung scheint gesichert, dass kulturadaptierte Psychotherapien wirksamer für Angehörige kultureller Minderheiten (in einer kulturell anders gearteten Mehrheitsgesellschaft) sind als eine Nichtbeachtung kultureller Unterschiede (Benish, Quintana & Wampold, 2011).

Im obigen Text wird aber eine andere mögliche Funktion des Verhaltens angedeutet, die auch hier aufgegriffen werden soll: Aus systemischer Sicht kann das Schlafmuster zwischen Frau und Tochter nämlich ebenfalls dazu dienen, den Partner dem Ehebett fern zu halten. Vielleicht wäre es verkürzt, dieses Thema dem Paartherapeuten allein zu überlassen, denn der Ehemann repräsentiert auch die aktuelle Mehrheitskultur.

## 10.5
## Differenzen und Universalitäten: ein dialektisches Verhältnis

Die Spannung kultureller Unterschiede auszuhalten, ist ein Lernprozess: für Individuen, Paare und größere soziale Systeme. Rober & De Haene (2014) verweisen auf das Verbindende, wie insbesondere unsere Sterblichkeit, und verweigern sich dem Konzept der „kulturellen Kompetenz", welches auch die Kultur zu einem Bestandteil neoliberaler Anschauung und Handhabbarkeit macht.

Vielmehr kann das Fremde als Nicht-Ich, Nicht-Wir vielfältige Formen aufweisen. Und das Eingeständnis der eigenen Inkompetenz in der Begegnung als Diversität vermag einen Dialog eröffnen, der existenziell bereichernd und zutiefst menschlich ist.

## Literatur

Benish, S. G., Quintana, S. & Wampold, B. E. (2011). Culturally adapted psychotherapy and the legitimacy of myth: a direct-comparison meta-analysis. *Journal of Counseling Psychology, 58* (3), 279-289.

Borcsa, M. (2017). Familien. In M. Borcsa & C. Nikendei (Hg.), *Psychotherapie nach Flucht und Vertreibung. Eine praxisorientierte und interprofessionelle Perspektive auf die Hilfe für Flüchtlinge* (S. 142-150). Stuttgart: Thieme.

Borcsa, M. (2019). *Globalisierte Familien. Mobilität und Mediatisierung im 21. Jahrhundert.* Göttingen: Vandenhoeck & Ruprecht.

Bustamante, R. M., Nelson, J. A., Henriksen, R. & Monakes, S. (2011). Intercultural couples: Coping with culture-related stressors. *The Family Journal, 19* (2), 154-164.

Foucault, M. (1977). *Überwachen und Strafen – Die Geburt des Gefängnisses.* Frankfurt a. M.: Suhrkamp.

Goffman, E. (2009; Original 1963). *Interaktion im öffentlichen Raum*, Frankfurt, New York: Campus.

Harwood, R. L. (1992) The influence of culturally derived values on Anglo and Puerto Rican mothers' perceptions of attachment behavior. *Child Development, 63* (4), 822-839.

Krastev, I. (2017). *Europadämmerung.* Frankfurt a. M.: Suhrkamp.

Mead, G. H. (1968; Original 1934). *Geist, Identität und Gesellschaft.* Frankfurt a. M.: Suhrkamp.

Mirecki, R. M. & Chou, J. L. (2013). A multicultural application of attachment theory with immigrant families: contextual and developmental adaptations. *Contemporary Family Therapy, 35*: 508-515

Patel, N., Bennett, E., Dennis, M., Dosanjh, N., Mahtani, A., Miller, A. & Nadirshaw, Z. (Eds.). (2000). *Clinical psychology, ‚race' and culture: a training manual.* Leicester: BPS.

Rober, P. & De Haene, L. (2014). Intercultural therapy and the limitations of a cultural competency framework: about cultural differences, universalities and the unresolvable tensions between them. *Journal of Family Therapy, 36* (S1), 3-20.

Schütz, A. (1972, Original 1944). Der Fremde. In A. Schütz, *Gesammelte Aufsätze. Bd. 2: Studien zur soziologischen Theorie* (S. 53-69). Den Haag: M. Nijhoff.

Seshadri, G. & Knudson-Martin, C. (2013). How couples manage interracial and intercultural differences: What works? *Journal of Marriage and Family Therapy, 39* (1), 43-58.

Softas-Nall, B. & Baldo T. D. (2000). Dialogues within a Greek family: multicultural stories of a couple revisited. *The Family Journal: Counseling and Therapy for Couples and Families, 8* (4), 396-398.

Steinböck, M. (2015). Diversity-kompetente Supervision. Der Umgang mit Unterschieden und Gemeinsamkeiten in der Supervision. *Psychotherapie im Dialog, 16* (1), 80-84.

Sun, Q.-W., Wang, C. D. C. & Jiang, G.-R. (2017). Culture-based emotional working models of attachment, Western-based attachment, and psychosocial functioning of Chinese young adults. *International Perspectives in Psychology: Research, Practice, Consultation, 6* (4), 195-208.

Welsch, W. (2017). *Transkulturalität. Realität – Geschichte – Aufgabe.* Wien: new academic press.

# 11 Summary: Dialog Rufer – Flückiger

**M. R.**
Ausgehend von der Idee, dass Praktiker den Dialog mit den Forschern anstoßen, ist in diesem Prozess paarweise eine bunte Sammlung von Beiträgen entstanden, die meines Erachtens erstaunlich wenig Dissonanz erzeugt oder Widerspruch zum Ausdruck bringt. Es scheint, dass uns „kommunikatives Können" und „allgemeines Wissen" jenseits von Therapieverfahren und Methode verbinden. Natürlich freut es mich als Praktiker, wenn das, was ich als wirksam erachte, mit Forschung unterlegt werden kann. Schließlich müsste sich ja die „gute Praxis" in der Forschung abbilden lassen. Und trotzdem habe ich mich gefragt, wo sich denn die Geister scheiden, wo es denn „heiße Eisen" gibt, die wir als Expertinnen im selben Feld nur mit großer Zurückhaltung in die Hände nehmen. Insofern erhoffe ich mir, dass es uns in unserm Résumé gelingt, auch solches aufzugreifen und nachzudenken, was eher zwischen den Zeilen steht.

Etwas möchte ich hervorheben, das mir beim Lesen der Texte, und zwar sowohl bei denjenigen der Praktiker wie auch der Kollegen aus der Forschung, besonders aufgefallen ist: Die Diagnostik und damit verbunden eine explizite störungsspezifisch orientierte Arbeitsweise spielen, in dem, was als „Essentials" der Psychotherapie betrachtet wird, eine erstaunlich untergeordnete Rolle. Es kontrastiert in hohem Maße mit den von den Praktikern differenziert herausgearbeiteten und feinfühlig geführten Prozessen zwischen dem Therapeuten und dem Patienten (bzw. Supervisand bei V. Kast). Wir haben ja mit Bezug auf empirisch erhobene Daten schon in der Einführung kurz darauf hingewiesen und wahrscheinlich wäre es anders, wenn jüngere Kolleginnen ihren Praxisalltag z. B. in stationären, klinisch-psychiatrischen Institutionen dargestellt hätten. Erstaunlich wenig ist ja die Sprache von krankheitswertigen psychischen Störungen i. e. S., so dass man sich die Frage stellen darf, ob und wenn ja in welchem Maß Psychotherapie in der Gestaltung von Veränderungsprozessen an eine entsprechende Differenzialdiagnostik angebunden sein muss (vgl. z. B. Schiepek und Lieb in diesem Buch). Vielleicht ist es – bezogen auf unser Meticr – so, wie Bob Dylan in seiner „Nobel Lecture" – bezogen auf die literarische Bedeutung seiner Songs – schreibt: „If a song moves you, that's all that's important. I don't have to know what a song means." (Dylan, 2017, S. 44)

**C. F.**
Ja, es ist interessant, dass Psychopathologie in den Beiträgen eine untergeordnete Rolle spielt. Psychodiagnostik wird jedoch schon auch angesprochen, vielleicht am ausgeprägtesten im Beitrag von Günther Schiepek. Die Mittel der modernen Psychodiagnostik sollen sich jedoch, wie der Beitrag deutlich aufzeigt, nicht auf die Abklärung der Psychopathologie beschränken. Die Psychotherapie hat in Kombination mit der Digitalisierung in den letzten Jahren in diesem Bereich deutliche Fortschritte gemacht. Psychotherapie ist nun einmal nicht eine vollkommen private Angelegenheit. Gleichzeitig muss sie die Privatsphäre und Integrität der Patienten schützen. Wo liegt der goldene Mittelweg?

**M. R.**
Wenn ich die „Essenzen" aus den einzelnen Beiträgen herauszudestillieren versuche, kommt mir darin „Privatheit" insofern als eine verbindende Ingredienz entgegen, indem allseits mit großem Respekt vor der Individualität der oft doch auch sehr unterschiedlichen Klientinnen gearbeitet wird. Praktiker wie Forscher versuchen fokussiert auf „Gegenwartsmomente" und entlang von humanistischen Prinzipien mit Einzelnen oder mit Paaren und Familien ein personalisiertes therapierelevantes System aufzubauen. Etwas provokativ könnte man fragen: Macht letztlich nicht jeder einfach das, was er gut kann? Da sich bis dato in unserem Metier ja kaum eine allseits verbindliche Qualitätskontrolle etabliert hat, bleiben Feinabstimmung und Synchronisation als das, was uns bei der Orientierung durch die Komplexität hilft, gewissermaßen auch der gemeinsame Nenner aller Beiträge in diesem Buch.

**C. F.**
Die „Privatheit" scheint ein Knackpunkt zu sein, den die Psychotherapie und die deutschsprachigen Gesellschaften (wie auch international) meines Erachtens noch nicht wirklich ganz befriedigend gelöst haben. Einerseits kann argumentiert werden, dass Psychotherapie wie viele andere Beratungsangebote in einem liberal organisierten privatrechtlichen Rahmen stattfinden kann und von den Patienten auch privat bezahlt wird. Demgegenüber steht Psychotherapie als moderne psychologische Dienstleistung in einem (staatlich-versicherungstechnisch geregelten) biopsychosozialen Versorgungssystem. In jedem der drei deutschsprachigen Länder ist die Gewichtung der marktwirtschaftlichen Prinzipien und der Schutz vor Missbrauch zudem leicht unterschiedlich liberal gewichtet (sowohl im privatrechtlichen Rahmen wie im Rahmen der Gesundheitsgesetze).

Psychotherapie ist grundsätzlich anfällig für Machtmissbrauch von Therapeuten, auch wenn die meisten ihre therapeutische Macht sehr gewissenhaft einsetzen. So besteht glücklicherweise keine Diskussion mehr darüber, inwieweit Therapeuten mit ihren Patientinnen eine sexuelle Beziehung gestalten sollten (Borcsa & Flückiger,

2015). Die Psychotherapie hat sich aus dieser Perspektive über die letzten 100 Jahre entscheidend und massiv professionalisiert, ohne dass sie ihre basalen psychologischen Konzepte aufgeben musste. Mir erscheint undiskutierbar, dass Psychotherapeuten der Allgemeinheit in irgendeiner Form Rechenschaft ablegen müssen, ohne dass sie – und das ist zentral – die Patienten verpetzen müssen. Aus dieser Perspektive ist die Praxis der Psychotherapie weniger privat und deutlich politischer, als wir gemeinhin vielleicht gerne annehmen möchten.

Ich denke jedoch auch, dass wir mehr machen als das, „was wir einfach gut können". Wir stehen insbesondere in der Therapieausbildung unter enger Supervision und Selbsterfahrung; wir haben die Verpflichtung, uns weiterzubilden und uns immer wieder mit unserem Metier und unseren Prinzipien auseinanderzusetzen. Die Frage ist, inwieweit dies schon ausreicht, um sowohl die Qualität zu sichern, als auch den gesellschaftlich schützenswerten Rahmen zu gewährleisten.

**M. R.**

Ich glaube, dass der von dir angesprochene „schützenswerte Rahmen" bestimmt wird durch das jeweilige präventive, kurative und geregelte Angebot, das sich eine Gesellschaft im Bereich der psychischen Versorgung leisten will. Psychotherapie als „Lizenz zur Einmischung in die inneren Angelegenheiten anderer", aber auch die Frage nach der „Krankheitswertigkeit" psychischer Störung sind mitunter politische Entscheidungen. Dies lässt sich ja auch an der Entwicklung des DSM nachzeichnen, in dem immer wieder neu geregelt wird, was dem Zeitgeist entsprechend als „psychisch gestört" gelten soll und darf (Frances, 2013).

Beim Lesen der Beiträge (vgl. Kämmerer) habe ich mir aber tatsächlich auch selber die Frage gestellt, ob es denn „zwei Psychotherapien" gibt – eine mit und eine ohne Verbindung/Koppelung mit der Psychiatrie im Sinne krankheitswertiger Störungen – und inwieweit „wellbeing" und „self-compassion" eben Teil allgemeiner Grundversorgung sein darf.

Auf diesem Hintergrund wären wir als Praktiker und Forscher ganz besonders gefordert, der Politik proaktiv Vorschläge zu machen, wie und mit welchen geeigneten, wissenschaftlich basierten Mitteln im Praxisalltag (Supervisionen, Klientenfeedbacks, Evaluation therapeutischer Prozesse) die Qualität unserer Arbeit erfasst und gesichert werden kann, um schließlich nicht nur auf Regulierungen von „außen" zu reagieren oder darüber zu lamentieren (vgl. dazu auch die Vorschläge von Günter Schiepek).

Was mich darüber hinaus aber besorgt, ist die Tatsache, dass die Psychotherapie und mit ihr die Anbieter und Patienten in der Politik wenig Lobby und in der Medienwelt eine eher schlechte Presse haben, obwohl Therapieplätze fehlen bzw. Patienten oft wochenlang auf einen solchen warten. Entweder landet die Psychotherapie mit teils klischierten Vorstellungen im Wellnessbereich („nice to have"), oder die Grenzen der Machbarkeit werden lautstark durch strafrechtlich relevante Vorkommnisse von psychisch schwer gestörten Menschen hervorgehoben.

Lässt sich denn darauf aus Wissenschaft und Forschung eine Antwort geben?

**C. F.**
Da sind wir bei weiteren Brennpunkten der Psychotherapie, die deren Komplexität aufzeigt: die Fragen zu den psychotherapeutischen Professionen, die Einbettung in die gängigen medizinischen Kontexte, die Frage nach dem richtigen Maß an Qualitätssicherung sowie das Image der Psychotherapie in der Öffentlichkeit ganz allgemein. Das sind große Themen. Ich glaube grundsätzlich nicht, dass diese Fragen durch die Forschung beantworten werden können, weil diese, wie du oben richtigerweise sagst, mit gesellschaftspolitischen Fragen verknüpft sind, die von der Psychotherapie selbst nicht beantwortet werden können. Helfende Berufe haben in fast allen Gesellschaften einen schweren Stand. Kellner, Coiffeure, Kita-Mitarbeiter und Verkäuferinnen werden in vielen Ländern gerade einmal mit dem Mindestlohn honoriert, obschon sie oft äußerst wichtige soziale Funktionen innehaben, die sich so nicht verrechnen lassen. „Hausfrauen" verdienen keinen Cent, es besteht kein formalisierter Ausbildungsgang dazu, obschon die Aufgaben höchste Selbstständigkeit, ethische Entscheidungsfindung und Emotionsregulation erfordert.

Um ganz persönlich zu sein, habe ich mich zu Beginn meiner Therapieausbildung gefragt, inwieweit Psychotherapie eigentlich eine Form von „Gesprächsprostitution" darstellt. Unsere Klienten erwarten von uns in der Therapie ein echtes, empathisches und maßgeschneidertes Therapieangebot. Wir bieten, sozusagen wie frisch schmeckende Semmel, in jeder Stunde aufs Neue ein Gesprächsangebot an, das sehr ernsthaft und sorgfältig auf die Patienten ausgerichtet ist. Wehe, wir zeigen anstatt einem echten Duchenne-Lächeln ein leicht aufgesetztes soziales Lächeln oder gar Desinteresse oder Langeweile. Am Abend eines Arbeitstages sind wir entsprechend müde vom „Containen" der emotionalen Inhalte unserer Patientinnen. Aus dieser Perspektive sind wir sozusagen die intellektuelle Fraktion des ältesten Gewerbes, das sich grundsätzlich nur sehr schwer „kanalisieren" lässt.

Psychotherapie bewirtschaftet äußerst zentrale und basale Bedürfnisse des menschlichen Wesens, wie Frank und Frank (1991) in ihrem bahnbrechenden Buch „Persuasion and Healing" hinwiesen. Wir bieten in einem sozialsanktionierten Rahmen ein Gesprächsangebot an, wo wir gemeinsam mit den Klienten aufgrund eines Erklärungsmodells ein stringentes Behandlungsangebot ableiten, das so durchgeführt wird, dass die Klienten darin neues Verhalten erproben und Einsichten erkunden können. Das Angebot ist deshalb so überzeugend, weil es nach bestem Wissen und Gewissen auf das Gesamtwohl des Patienten ausgerichtet ist. Was grundsätzlich zählt, ist die kollaborative Qualität im Einzelfall, die die Patienten in der Therapie bleiben lässt, obschon darin unangenehme Aspekte des eigenen Erlebens und Verhaltens thematisiert werden. Bei 60–80 % der Patienten erreichen wir eine deutliche Veränderung, was eine Wahrscheinlichkeit darstellt, die die meisten Patienten als so hoch betrachten, dass das Wagnis des Scheiterns in Kauf genommen werden kann (Wampold, Imel & Flückiger, 2017). Aber auch auf Seiten der Therapeutinnen ist das Wagnis der Psychotherapie im Einzelfall ein relativ kalkulierbares.

Sind wir an Menschen so interessiert, dass wir unseren Beruf nicht als Prostitution wahrnehmen, sondern als Geschenk und soziales Privileg, die Lebenswelten anderer Menschen und die darin enthaltene menschliche Natur (mit-)verstehen zu dürfen? Was ich mit diesen Aussagen ausführen möchte, ist, dass die Entscheidung, Psychotherapeutin zu werden und zu bleiben, eine äußerst persönliche Auseinandersetzung voraussetzt. Ich bin beeindruckt von jeder Person, die längerfristig ernsthafte und sorgfältige Psychotherapie anbietet.

**M. R.**
Lass mich dein persönliches Statement auch persönlich quittieren: Dass ich selber, wie wohl auch die meisten der in diesem Buch versammelten Praktiker und Praktikerinnen, diesen „Beruf als Berufung" über die Pensionierung hinaus noch ausübe, hat sehr viel auch mit einem selber und der eigenen Biografie (Familiengeschichte, beruflicher Werdegang, Persönlichkeitsfaktoren) zu tun. Als ein an (verbaler) Kommunikation, an Helfen, aber auch an Lehren orientierter Lebensentwurf unterscheidet er sich zwar von der Prostitution, ist aber im Sinne einer geregelten Dienstleitung und einem klaren, Rollen verteilten Arbeitsbündnis durchaus damit vergleichbar.

Ich glaube aber auch, dass wir Therapeuten in diesem „Beziehungsberuf" sehr viel mehr für uns selber profitieren als wir uns – mit Blick auf die Wirksamkeit unseres Tuns beim Patienten – zugestehen. Dass es dabei nicht zu mehr (dokumentierten) Grenzüberschreitungen kommt, ist eigentlich erstaunlich. Genau hier, in der Beziehungsgestaltung von Therapeutin und Klient und den blinden Flecken darin ist meines Erachtens eine selbstkritische Selbsterfahrung, eine transparente Supervision und eine Therapieevaluation anzusiedeln, die den Namen „Qualitätssicherung" auch verdient.

Damit verbunden ist aber auch eine Sorge: Im Prozess zunehmender Neurologisierung und Medikalisierung, Manualisierung und Digitalisierung, Reglementierung und Regulierung hat sich die Therapielandschaft stark verändert und wird sich weiter verändern. So höre ich auch von anderen, älteren und jüngeren Kollegen, Ärztinnen und Psychologinnen, dass ihnen der Beruf zwar Freude bereitet, weniger aber die Rahmenbedingungen, unter denen dieser ausgeübt werden „muss". In Anlehnung an Grawe könnte man diesen Entwicklungsprozess lakonischerweise auch auf die Formel bringen: „Von der Berufung zum Beruf". Es mag sein, dass bei jüngeren Kolleginnen dadurch ein etwas anderes, vielleicht auch „abgegrenzteres", für sie aber ebenso selbstverständliches Berufsverständnis entsteht. In meiner Tätigkeit als Dozent und Supervisor auf jeden Fall bin ich immer wieder beeindruckt vom klinischen Fachwissen (inkl. Medikationen) junger Psychologinnen sowie vom Interesse, aus den Erfahrungen von anderen, insbesondere auch von uns „alten Häsinnen und Hasen" zu lernen. Ob wir in diesem Sinne am Ende einer Ära stehen – ich erwähne hier nur den kontroversen Diskurs über ein Direktstudium „Psychotherapie" und die Neupositionierung ärztlicher und psychologischer Psychotherapie –, weiß ich nicht. Das meine ich im Übrigen weder standespolitisch noch kulturpessimistisch. Eine neue Ära, auch wenn sich Berufsbilder darin verändern, muss sich keineswegs negativ für die Patienten in ihrem „Wunsch nach Heilung" auswirken. Sicher aber beinhaltet eine gute und hilfreiche Grundversorgung von psychisch kranken Menschen – heute und morgen – wesentlich mehr als Psychotherapie i.e.S. (vgl. Kast und Borsca).

**C.F.**
Gerne würde ich das Argument der möglichen Therapeuteneigenschaften aufgreifen, „die sehr viel mit einem selber und der eigenen Biografie (Sozialisation, Persönlichkeitsfaktoren) zu tun haben". Was wären das für konkrete Faktoren?

**M.R.**
Nun, ich glaube, dass Psychotherapeuten, welcher Provenienz auch immer, sich als die Experten der Kommunikation und der Prozessgestaltung in diesem doch ganz speziellen Arbeitsbündnis ausweisen sollten. Dazu gehören für mich die Fähigkeit und die Freude am Dialog.

In einem gewissen Sinne wird dies ja auch im (psychodynamischen) Verständnis von Psychotherapie als „talking cure" zum Ausdruck gebracht. Eine ausgeglichene, beziehungs- und empathiefähige Persönlichkeit (auch im Sinne der „Big Five"), die zum einen diesen „Kontrakt des Vertrauens" nicht missbraucht, sich in „engagierter Distanz" auch ausreichend gegen „Problemtrance" abgrenzen kann und insbesondere auch Fehler erkennen und korrigieren kann, sind für mich wesentliche Bestandteile therapeutischer Kompetenz. Und für mich als „Systemiker" – gerade auch in der Arbeit mit Kindern, Jugendlichen, ihren Eltern und Paaren – braucht es die Fähigkeit, sich auf die Komplexität menschlichen Lebens in all seinen Wechselwirkungen einzulassen, ohne sich aber darin zu verlieren oder zu verstricken. Eine sowohl an der Salutogenese als auch an der Selbstorganisation orientiertes Metamodell (Rufer, 2013) ist für mich nicht nur Ausdruck einer Haltung, sondern auch beste Selbstfürsorge und Prävention gegen ein Burn-out. Wie weit man dies überhaupt, und wenn ja, wie denn genau, lernen kann oder eben doch familiäre Erfahrungen, subtile Persönlichkeitszüge und damit auch Aspekte des eigenen Bindungsverhaltens dafür prägend sind, ist für mich eine offene Frage.

**C. F.**
Es ist interessant, dass in den letzten Jahren in der Psychotherapieforschung die Frage nach Therapeuteneffekten wieder verstärkt in den Fokus rückt. Die Resultate weisen darauf hin, dass diese Effekte zwischen 5 und 12 % der Therapieergebnisse erklären können; also ein bedeutsamer Faktor, der jedoch recht variabel erscheint (Castonguay & Hill, 2017). Auch wenn es eine Tendenz zu „erfolgreichen" und „weniger erfolgreichen" Therapeutinnen zu geben scheint, so sind die dahinterliegenden Faktoren noch wenig verstanden. Insbesondere scheint auch die institutionelle Ebene eine Rolle zu spielen. Interessant ist, dass du persönliches Engagement ansprichst. Mir kommt gerade etwas anekdotisch Yalom in den Sinn, der einmal in einem Interview erwähnte, dass er seit Jahren keine nicht-erfolgreichen Gruppenpatientinnen mehr habe; er wisse sehr gut, wen er in die Gruppen aufnehmen könne! Das ist schon auch ein Bumerang-Argument im Sinne von „sei wählerisch und es geht dir gut". Wie viel Engagement ist gutes Engagement?

Nichtsdestotrotz steht die Praxis und Forschung etwas ratlos vor den Fällen, die sich als chronisch „therapieresistent" erweisen und oft über Jahre in psychiatrischen Kliniken und Praxen behandelt werden (müssen).

**M. R.**
Ja, so ist es und es könnte sein, dass sich der Leser durch den Titel unseres Buches („Essentials") dafür eine Art psychiatrisch-psychotherapeutische Rezeptur verspricht, spätestens aber mit der Lektüre in dieser Erwartung dann aber etwas enttäuscht wird.

Es liegt meines Erachtens in der Natur der Sache unseres Metiers, dass wir grundlegendes Wissen darüber, wie sich denn „kranke Psychen" richtig therapieren lassen, erwerben möchten, obwohl wir natürlich wissen, dass dies im wörtlichen Sinne gar nicht möglich ist. Einiges, nicht Weniges zur Wirksamkeit ist bekannt, trotzdem aber bleiben Zweifel und Fragen, ob es denn so ist oder vielleicht auch ganz anders sein könnte (vgl. Kast). Die Enttäuschung darüber, dass es kaum Sicherheit gibt, ist ernüchternd. Vielleicht aber sind es gerade dieses Aushalten von Unsicherheit, die Begrenzung und das Nach-Denken entlang den „Rändern" unseres Metiers, was „erfolgreiche" Therapeuten und Therapeutinnen auszeichnet (vgl. Kämmerer). Verbunden mit einer, am (selbst-)kritischen Diskurs interessierten Haltung, oft quer zum Mainstream, aber fokussiert auf „Essentials", kommt man der Komplexität des Lebens auch im Einzelfall näher als mit Rezepturen oder Manualen. Nichts wäre ja fragwürdiger als eine „Wahrheit" und eine Praxis, die diesen Kontext ausblendet, schnelle Lösungen verspricht, statt feinfühlig Prozesse gestaltet, und damit Entwicklungs- und Selbstorganisationsprozesse hemmt.

**C. F.**
Psychotherapie ist im geschichtlichen Kontext schon auch ein Kind der Aufklärung und der darin enthaltenen Pflicht zur Selbstreflexion und Mitverantwortung und den damit eingebunden fundamentalen jüdischen, christlichen und allgemeinen Glaubenssätzen. Der Glaube, dass am Anfang Logos, die Intentionalität, das gedachte und ausgesprochene Wort steht, scheint eine solche basale menschliche Grundannahme. Personen, die eine Psychotherapie aufsuchen, sind oftmals demoralisiert und leiden darunter, dass ihre eigenen Handlungsstrategien nicht mehr greifen; sie haben aus dieser Perspektive den Glauben an die Richtigkeit der eigenen Intentionalität schon auch etwas verloren. Der Gang zur Psychotherapie ist nach Frank und Frank (1991; siehe auch Grawe, 1998) mit der leisen Hoffnung und scheuen Erwartung verbunden, dass die Dinge trotzdem intentional veränderbar sind. Der Glaube an die eigene Intentionalität klingt für mich auf die Psychotherapie bezogen deshalb wie ein großes Trotzdem. Trotz allen Widrigkeiten, Gewohnheiten und Verhaltensmuster sind wir Menschen intentionale Wesen!

Auf den von dir angesprochenen Leser bezogen, wäre „Enttäuschung" mitunter eine Reaktion genau dieses Glaubens! So waren es mitunter oftmals „die frechen Jungen" und nicht die „alten Hasen", die die Gesellschaften an ihre Essentials erinnerten und dadurch weiterentwickelten. Aus dieser Perspektive sind in diesem Buch schon auch essentielle Stimmen vernachlässigt.

**M. R.**
Falls du damit auf das „Querdenken" und aktuell auf den durch die „frechen Jungen" angestoßenen Klimadiskurs ansprichst, bin ich mit dir einverstanden. Was unser Metier, die Sorge um die „psychische Gesundheit" anbetrifft, die ja im Sorgenbarometer als solche, im Gegensatz zu den hohen Gesundheitskosten (noch) kaum in Erscheinung tritt, bin ich da eher etwas skeptischer. Psychotherapie ist inzwischen wie andere Berufe auch eine Profession, die einem in erster Linie und vor allem den Lebensunterhalt garantieren soll und bei der man sich im ohnehin anspruchsvollen Berufsalltag auch nicht zu stark ablenken oder durch Berufspolitisches geschweige denn durch „Querdenkerei" stören lassen will. Zudem gibt es ja weder eine starke „Patientenlobby" noch eine Partei, die mit psychisch kranken Menschen „Politik" macht, und schon gar nicht wäre es redlich, mit den Patienten für eigene, auch standespolitische Interessen zu kämpfen. Also braucht es meines Erachtens (wie bei der Klimadebatte) zuerst erfahrbare, offensichtliche „Feedbacks", die dann die „frechen Jungen" in ihrem „Erinnern und Weiterentwickeln von Essentials" – z. B. im Rahmen von Berufsverbänden oder mit neuen, kreativen Formen – in Aktion bringen.

Insofern bin ich in der Tat gespannt:
- Wie unser kleines, bescheidenes Bändchen, mit welchem wir ja die „Psychotherapie-Debatte" (Wampold et al., 2017) aufnehmen und weiter anstoßen möch-

ten, in unserer Community, insbesondere auch bei den jungen Kolleginnen und Kollegen aufgenommen wird
- Was vom Erfahrungsschatz der „alten Häsinnen und Hasen" jenseits (störungs-)spezifischer Methoden und Techniken in die Praxen, Kliniken und auch in die Gesundheitspolitik einfließen wird
- Wie sich das Berufsbild „Psychotherapie" (Feminisierung und „Psychologisierung" des Berufsstandes, fehlender Nachwuchs in der Psychiatrie, Kostenregulierung, Direktstudium „Psychotherapie" usw.) verändern wird
- Wo und wie der interdisziplinäre Diskurs und die Kooperation mit der Psychiatrie, der Sozialarbeit, den Kostenträgern usw. erhalten und patientenorientiert (neu) gestaltet werden könnten?

Und so hoffen wir beide, dass nun in Bezug zur eigenen Praxis darüber diskutiert und debattiert wird. Die stets hoch gehaltene Erfahrung von anderen wird sonst nicht zu einem „Practitioner-Scientist"-Modell, sondern bleibt – in Anlehnung an ein chinesisches Sprichwort – ohne Nutzen wie ein „Kamm für Glatzköpfe" ...

## Literatur

Borcsa, M. & Flückiger, C. (2015). *Risiken von Psychotherapie. Psychotherapie im Dialog.* Stuttgart: Thieme.
Castonguay, L. G., & Hill, C. E. (Eds.). (2017). *How and why are some therapists better than others? Understanding therapist effects.* Washington: American Psychological Association.
Dylan, B. (2017). Die Nobelpreis-Vorlesung. Hamburg: Hoffmann und Campe.
Frances, A. (2013). *Normal. Gegen die Inflation psychiatrischer Diagnosen,* Köln: DuMont
Frank, J. D., & Frank, J. B. (1991). *Persuasion and healing: A comparative study of psychotherapy.* Baltimore: JHU Press.
Grawe, K. (1998). *Psychologische Psychotherapie.* Göttingen: Hogrefe.
Rufer, M. (2013). *Erfasse komplex, handle einfach. Psychotherapie als Praxis der Selbstorganisation. Ein Lernbuch.* Göttingen: Vandenhoeck & Ruprecht
Rufer, M. & Forster, S. (2019). Vertrauen – ein Dialog über die Therapie zwischen Sabine Forster und Martin Rufer. *Kontext, 50* (3), 290–296.
Wampold, B. E., Imel, Z. E. & Flückiger, C. (2017). *Die Psychotherapie-Debatte. Was Psychotherapie wirksam macht.* Bern: Hogrefe.

# Die Autorinnen und Autoren

Maria Borcsa

**Prof. Dr. Maria Borcsa,** Professorin für Klinische Psychologie an der Hochschule Nordhausen/Thüringen. Dipl.-Psych., Psychologische Psychotherapeutin (VT), Systemische Einzel-, Paar- und Familientherapeutin, Supervisorin, Dozentin. Begründerin des Masterstudienganges „Systemische Beratung" (HS Nordhausen in Kooperation mit IF Weinheim), Gründungs- und Vorstandsmitglied des Instituts für Sozialmedizin, Rehabilitationswissenschaften und Versorgungsforschung (ISRV) an der HS Nordhausen. Lange Jahre im Vorstand der Systemischen Gesellschaft (SG) und der European Family Therapy Association (EFTA) und von 2013 bis 2016 Präsidentin der EFTA. Forschungsschwerpunkte und Publikationen zu Prozessforschung in Paar- und Familientherapie, Transnationalismus und Digitalisierung in systemischer Therapie, Qualitative Methoden.

Ulrike Dinger

**Dr. rer. nat. Ulrike Dinger,** Diplompsychologin, Fachärztin für Psychosomatische Medizin und Psychotherapie und tiefenpsychologische Psychotherapeutin. Sie arbeitet als Oberärztin am Universitätsklinikum Heidelberg und leitet dort eine Arbeitsgruppe zur Psychotherapieforschung. Ihre Forschung umfasst kontrollierte Studien zur Evaluation der Wirksamkeit verschiedener psychotherapeutischer Versorgungsformen, Studien zum Einfluss der Person des Therapeuten sowie Prozess-Outcome-Studien zu verschiedenen Einflussfaktoren und psychotherapeutischen Veränderungsmechanismen. Für ihre Forschung wurde sie mit zahlreichen Preisen ausgezeichnet, u.a. mit dem Outstanding Early Career Achievement Award der Society for Psychotherapy Research.

Christoph Flückiger

**Prof. Dr. Christoph Flückiger** hat an der Universität Bern Psychologie studiert, 2006 zum Thema ressourcenorientierte Psychotherapie promoviert und 2012 habilitiert. Christoph Flückiger ist Mitautor von über 100 empirischen und konzeptuellen Fachbeiträgen im Bereich der Psychotherapieforschung. Er ist eidgenössisch anerkannter Psychotherapeut mit Zusatzqualifikation in Supervision für kognitive Verhaltenstherapie. Seit 2016 leitet er die SNF-Professur „Allgemeine Interventionspsychologie und Psychotherapie" am Psychologischen Institut der Universität Zürich. Er ist Haupteditor der Wissenschaftszeitschrift „Psychotherapy Research" und Mitherausgeber von „Psychotherapie im Dialog".

Annette Kämmerer

**Prof. Dr. phil. Dipl.-Psych. Annette Kämmerer,** bis 2014 am Psychologischen Institut der Universität Heidelberg tätig. Themenschwerpunkte der Forschung: Moralische Gefühle, vor allem Scham und Schuld, Menschenbildannahmen der Klinischen Psychologie, Psychotherapie und Würde, Kognitive Therapieverfahren. Eigene Praxis für Psychotherapie und Coaching in Heidelberg; approbierte VT-Therapeutin, zahlreiche Seminare im Rahmen der Psychotherapie-Ausbildung; Supervisionstätigkeit.

Verena Kast

**Prof. Dr. phil. Verena Kast,** Psychologin und Psychotherapeutin, war Professorin im Bereich anthropologische Psychologie an der Universität Zürich. Therapeutisch ausgebildet in Psychoanalyse Jung'scher Richtung. Lehranalytikerin und Supervisorin am C.G. Jung Institut Zürich, Küsnacht. Maßgeblich am dortigen Ausbildungsgang zum Supervisor/zur Supervisorin beteiligt. Hauptinteressen: Vom Umgang mit Emotionen, Imaginationen und Träumen in therapeutischen Prozessen. Mitglied der Leitung der Lindauer Psychotherapiewochen.

# Die Autorinnen und Autoren

Hans Lieb

**Dipl. Psych. Dr. Hans Lieb,** Ausbildung in Verhaltenstherapie, Gesprächspsychotherapie, NLP und Systemtherapie. Psychotherapeutische Tätigkeit in Sucht- und psychosomatischen Fachkliniken, zuletzt als leitender Psychologe. Seit 1990 ambulante psychotherapeutische Praxis. Lehrtherapeut/Supervisor in Verhaltenstherapie (IFKV Bad Dürkheim) und Systemtherapie (IF Weinheim). Umfangreiche supervisorische Tätigkeiten im klinischen Bereich und in der Ausbildung. Veröffentlichungen zu: Bibliotherapie „Psychosomatik"; Kritik am Konzept der Persönlichkeitsstörung; Therapieschulenbegegnung VT und ST (2009); Diagnosen aus systemischer Sicht, Mitherausgeber der Reihe „Störungen systemisch behandeln". Aktuelles Thema: Rolle der Sprache in der Therapie.

Martin Rufer

**Lic. phil. Martin Rufer,** Psychologie, eidgenössisch anerkannter Psychotherapeut, Fachpsychologe für Kinder- und Jugendpsychologie. 1978–1998 stationäre Drogentherapie, Erziehungsberatung, Kinder- und Jugendpsychiatrie. Freiberuflich in eigener Praxis in Bern (CH) seit 1990 (Therapie, Lehrsupervision, Weiterbildung). 1999–2009 Co-Leitung des Zentrums für Systemische Therapie und Beratung (ZSB Bern). Berufspolitik im Rahmen psychologischer und systemischer Fachverbände. Seit 2008 diverse Publikationen zur Theorie und Praxis von Psychotherapie/Systemischer Therapie.

Günter Schiepek

**Prof. Dr. Dr. Günter Schiepek,** Leiter des Instituts für Synergetik und Psychotherapieforschung an der Paracelsus Medizinischen Privatuniversität Salzburg. Professor an der Paracelsus Medizinischen Privatuniversität Salzburg sowie an der Ludwig-Maximilians-Universität München. Geschäftsführer des Center for Complex Systems. Mitglied der Europäischen Akademie der Wissenschaften und Künste. Ehrenmitglied der Systemischen Gesellschaft. Lehrtherapeut für Systemische Therapie (DGSF). Arbeitsschwerpunkte: Synergetik und Dynamik nichtlinearer Systeme in Psychologie, Management und in den Neurowissenschaften. Prozess-Outcome-Forschung in der Psychotherapie. Neurobiologie der Psychotherapie. Internet-basiertes Real-Time Monitoring in verschiedenen Anwendungsfeldern. Wissenschaftlicher Beirat zahlreicher

Institute, Verbände und Fachzeitschriften. Autor oder Herausgeber zahlreicher Bücher sowie internationaler und deutschsprachiger Publikationen in Fachzeitschriften.

Ulrike Willutzki

**Prof. Dr. Ulrike Willutzki,** Professorin für Klinische Psychologie und Psychotherapie an der Universität Witten/Herdecke. Psychologische Psychotherapeutin (Verhaltenstherapie) und Kinder- und Jugendlichenpsychotherapeutin. Von 1986 bis 2013 an der Ruhr-Universität Bochum tätig, seither Universität Witten/Herdecke. Ausbildung in Kognitiver Verhaltenstherapie. Weiterbildung am Institut für Systemische Studien (Hamburg); Weiterbildung mit tiefenpsychologisch orientiertem Psychodrama. Forschungsschwerpunkte: Ressourcenaktivierung, Motivationsförderung. Besonderes – aber nicht alleiniges – Interesse an den Störungsbereichen soziale Ängste, affektive Verstimmung und Trauma. Schwerpunkt bei „Psychotherapie für Menschen mit Intelligenzminderung". Durchgängig Interesse an Psychotherapeut*innenforschung, beruflicher Entwicklung von Psychotherapeut*innen und Supervision.

Dirk Zimmer

**Prof. Dr. Dirk Zimmer,** nach dem Studium der Psychologie in München und einer postgradualen Ausbildung in Verhaltenstherapie bei F. H. Kanfer und A. A. Lazarus in den USA arbeitete er 15 Jahre an den Universitäten Münster, Tübingen und Freiburg. 1990 gründete er die Tübinger Akademie für Verhaltenstherapie, die er bis 2017 leitete. Publikationen und Seminare beinhalteten die therapeutische Beziehung sowie Grundlagen und Behandlung von Depression, sozialen Phobien und Paarproblemen. Zudem engagierte er sich in Fachverbänden und der Therapeutenkammer.